河南省文物考古研究院图录戊种第 21 号

長渠遺珍

南水北调中线工程
河南省文物保护成果撷英

瓷器

河南省文物局 主编
河南省文物考古研究院 编著

科学出版社
北京

图书在版编目（CIP）数据

长渠遗珍：南水北调中线工程河南省文物保护成果撷英·瓷器 / 河南省文物局主编；河南省文物考古研究院编著. -- 北京：科学出版社，2023.10
（河南省文物考古研究院图录；戊种第21号）
ISBN 978-7-03-076429-4

Ⅰ.①长… Ⅱ.①河… ②河… Ⅲ.①南水北调—水利工程—出土文物—河南—图录②瓷器(考古)—河南—图录 Ⅳ.①K873.61

中国国家版本馆CIP数据核字(2023)第179187号

责任编辑：张亚娜 / 责任校对：王晓茜
责任印制：肖　兴 / 书籍设计：北京气和宇宙艺术设计有限公司

科学出版社 出版
北京东黄城根北街16号
邮政编码：100717
http://www.sciencep.com

北京汇瑞嘉合文化发展有限公司 印刷
科学出版社发行　各地新华书店经销

*

2023年10月第　一　版　　开本：889×1194　1/16
2023年10月第一次印刷　　印张：15 3/4
字数：450 000

定价：280.00元
（如有印装质量问题，我社负责调换）

《长渠遗珍》丛书编辑委员会

主　任　任　伟
副主任　贾连敏　张慧明　贾付春
编　委　张　勇　孔祥珍　康国义　秦文波　王　韬
　　　　王瑞琴　张永俊　吕安胜　刘海旺　杨振威
主　编　任　伟
副主编　贾连敏
编辑组　张慧明　刘海旺　张志清　梁法伟

本册编委会

主　编　孙新民
副主编　黄亮亮

目录

| 1 | 南水北调中线工程河南段出土瓷器概述 |

图版

19	1 东晋南北朝
33	2 唐
69	3 北宋
91	4 金
179	5 元
203	6 明清
215	7 釉陶器

| 243 | 后记 |

南水北调中线工程河南段出土瓷器概述

2005～2012年，河南省文物局组织河南及全国50多个考古研究单位，对南水北调中线工程库区和干渠沿线369处遗址进行了抢救性考古发掘，总计发掘面积达92万平方米，获取各类文物10万余件，顺利完成了工程建设中的文物保护工作任务。出土文物的年代上迄旧石器时代，下至明清时期，文物数量众多、年代序列完整、器物种类丰富。在出土的各类文物中，以陶瓷器、青铜器、玉石器为大宗，为河南乃至中国考古学研究提供了丰富的实物资料。截至2020年底，已出版考古报告专集40余部，文物图录6部，发表考古简报、报告和研究文章数百篇。为使更多人了解南水北调中线工程河南段考古成果，河南省文物局拟组织分类出版河南段出土精品文物图录，书名总冠以"长渠遗珍——南水北调中线工程河南省文物保护成果撷英"。

本书为"瓷器"卷，重点介绍东晋南北朝至明清时期墓葬或遗址出土的瓷器，由于同时期遗迹还伴出有一些釉陶器，这次也一并附于书后。这些釉陶器和瓷器分别出土于该历史阶段的墓葬或遗址中，反映出当时陶瓷器的生产窑口、制作水平和流通使用等多个方面。

一、东晋南北朝时期

东晋南北朝时期出土陶瓷器，主要见于淅川县丹江水库库区东晋南朝墓葬和位于安阳县的北朝墓葬。其中淅川县丹江水库库区东晋墓葬分别见于大石桥墓地和下寨墓地；南朝墓葬主要有柳家泉墓地、下寨墓地和马川墓地等。东晋和南朝墓葬分布零散，墓主人身份较低，出土瓷器数量不多。安阳县发现的北朝墓葬主要为固岸墓地和干渠沿线，有的还随葬有墓志，墓主人多为中下层官吏，出土大量釉陶器和少量瓷器。

2010年甘肃省文物考古研究所对淅川县大石桥墓地进行了抢救性发掘，共揭露面积2000余平方米，清理汉、晋和宋代墓葬35座。其中，东晋墓16座，皆为长方形单室砖室墓，惜被盗掘严重，出土青瓷器6件，部分瓷器施半釉，器类有四系罐、三系罐、盘口壶和碗等[1]。2007年由辽宁省文物考古研究所和沈阳市文物考古研究所发掘的淅川县柳家泉墓地，有6座南朝墓葬随葬有青瓷器，其中有2座使用刘宋"大明四年（460年）作"的纪年砖垒砌墓壁。这两座纪年墓分别出土碗和盘口壶2件青瓷器，其他南朝墓葬出土瓷器组合还有碗和罐及1件鸡首壶等[2]。鸡首壶作短流、高柄，器腹矮胖，大平底，肩部两侧有横系，器身施满釉，制作精致。值得注意的是，这里的器物口部和鸡首壶柄部均被有意损坏，应是一种"毁器"葬俗。由河南省文物考古研究院发掘的淅川县下寨墓地，有10座东晋和南朝墓葬随葬有青瓷器，数量1至4件不等。基本组合一般为碗和盘口壶或者碗和四系罐，也有的为碗和盘组合，南朝墓葬大体上与柳家泉墓地南朝墓葬组合相同，其年代也应为刘宋时期[3]。其中东晋时期的碗口微敞，斜直腹，大平底。盘口壶阔肩，肩部饰有四个桥形横系。胎体呈浅灰色，青釉泛黄，一般施釉至下腹部。驻马店市文物考古研究所发掘的马川墓地，主要为东周时期墓葬，南朝墓仅见1座砖室墓，随葬有青釉盘口壶1和碗2件[4]。盘口壶肩部也饰有四个横系，壶身施半釉。从上述四处墓地出土青瓷器的胎釉、造型特征来看，发掘者推测与长江中游的湖南湘阴窑和江西丰城窑的产品相似，应为南方窑口的产品。据谭其骧主编《中国历史地理图集》"宋魏时期全图"，这里在刘宋时期属于南朝疆域，大致处于顺阳郡丹水县附近，与北魏魏兴郡交界。

固岸墓地位于安阳县安丰乡固岸村、施家河村东，漳河南岸的高台地上，河南省文物考古研究院经过2005～2008年连续考古发掘，揭露面积2.6万平方米，共清理墓葬353座。其中属于北朝时期150余座（东魏墓葬90多座，北齐墓葬60多座，北魏墓葬8座）。在这些墓葬中，除了少数被盗掘破坏外，绝大多数墓葬保存完好，出土有完整的器物组合。尤其重要的是在一些东魏、北齐墓葬中出土有墓志砖，记录有墓主人姓名、埋葬时间等情况，为我们判断墓葬年代提供了重要依据（图1）。已发表资料的M2为一座北齐时期墓葬，随葬釉陶器13件、陶俑27件，另有陶灶、井、仓、舂、车、磨和常平五铢铜钱等共72件之多。釉陶器基本组合为豆、罐、碗、盏[5]。

2007～2010年，安阳市文物考古研究所在南水北调中线干渠文物安全巡护和取土区文物保护过程中，抢救性发掘了东魏赵明度墓和北齐刘通墓、叔孙夫人墓、元夫人墓、李华墓、贾进墓、贾宝墓等。这批墓葬墓主人身份等级高，随葬品丰富，深化了对安阳地区北朝墓葬分布范围和墓葬形制等方

[1] 甘肃省文物考古研究所、河南省文物局南水北调文物保护办公室：《河南淅川大石桥汉晋墓发掘简报》《考古与文物》2017年第4期。

[2] 河南省文物局：《淅川柳家泉墓地》，科学出版社，2013年。

[3] 河南省文物局：《淅川下寨遗址：东晋至明清墓葬发掘报告》，科学出版社，2016年。

[4] 河南省文物局南水北调文物保护办公室汇总资料。

[5] 河南省文物考古研究所：《河南安阳县固岸墓地2号墓发掘简报》《华夏考古》2007年第2期。

面的认识。尤其是东魏赵明度墓、北齐贾进墓和贾宝墓出土了大批北朝时期的陶俑和釉陶器,器物组合完整,造型精美,时代明确,具有断代标尺的作用[6]。其中,北齐武平四年(573年)车骑大将军郑州扶沟县令贾宝墓出土有4件青釉瓷罐,是目前所知北方地区生产青瓷的较早例证。

我国青釉瓷器的烧造开始于南方地区,浙江越窑、湖南岳州窑和江西丰城窑等在东汉晚期已经烧制出成熟青瓷器。河南目前发现最早的古代瓷窑址主要是巩义白河窑和安阳相州窑,年代约始自北朝,模仿南方青瓷开始烧制青瓷器,在烧制青瓷器的基础上又发明了白瓷器。这次南水北调中线工程项

图1
安阳县固岸墓地M23
随葬品

[6] 河南省文物局:《安阳北朝墓葬》,科学出版社,2013年。

目中发现的都是青瓷器，其中丹江水库淹没区出土的东晋和南朝青瓷器，应是南方窑口所生产，且主要是湖南省岳州窑的产品。安阳北朝墓葬随葬的白釉泛黄器物，器形为碗、托杯、高足盘、唾壶、盘口壶、瓶、罐等，也主要是作为随葬使用的明器。除此之外，还有满釉支烧、仿黑釉瓷器的褐釉陶器。这次安阳北朝墓葬的发掘者在报道出土器物时，将白釉泛黄器物统称之为白瓷器显然不妥，实际上只有北齐贾宝墓随葬的4件青釉罐为瓷器，其余均为釉陶器。这4件青瓷罐均作灰白胎，质地坚硬，内外施青釉，外部施釉不到底，与安阳相州窑胎质、釉色完全一致，可以确定为相州窑的产品。

二、隋唐时期

隋唐时期陶瓷器主要见于新乡市老道井墓地、卫辉市大司马墓地、荥阳市薛村墓地、博爱县聂村墓地、禹州市新峰墓地、荥阳市关帝庙唐墓等，在叶县文集遗址早期地层也出土有少量唐代陶瓷器。

郑州大学历史学院于2005～2006年发掘的新乡市老道井墓地，计发掘战国至宋代墓葬151座。其中唐墓10座，皆为长斜坡墓道土洞墓。7墓出土有随葬品，一般数量较少，多为1～2件，计有陶罐、陶碗、青瓷碗、青瓷高足盘、铁叉和铁买地券等[7]。报告作者推测这批唐墓年代均为唐初，据出土的青瓷碗和高足盘器形看，有些墓葬应早到隋代。

四川大学考古学系于2006年发掘的卫辉市大司马墓地，揭露面积3000平方米，发掘汉、晋、隋唐、宋、明、清等不同时代的墓葬28座。其中M16墓主人身份明确，为隋唐时期乞扶令和夫妇合葬墓。该墓为单室土洞墓，有一个天井和一个过洞，石质墓门外两侧置有石狮1对。尽管被盗掘，仍出土有各类随葬品120余件和石墓志两方，其中以陶俑为大宗（图2）。瓷器计11件，分别为青瓷碗、缸、器盖、刻莲瓣纹青瓷片和白瓷器盖[8]。乞扶令和墓志记载，墓主人死于隋大业六年（610年），去世17年后唐初时，乞扶令和与夫人郁久闾氏合葬于卫州汲县。该墓残存的部分瓷器具有明显隋代瓷器风格。

薛村遗址位于荥阳市王村镇薛村北、广武山南麓，包含有夏商、汉唐、宋元等多个时代的遗存。经河南省文物考古研究院发掘表明，这里曾是夏代晚期至商代早期的小型聚落，至汉唐宋元时期这里成为薛村人死后的风水宝地。唐代墓葬从初唐到晚唐基本都有发现，基本形制为中型的带墓道、天井

[7] 河南省文物局：《新乡老道井墓地》，科学出版社，2011年。

[8] 四川大学考古学系、河南省文物局南水北调文物保护办公室：《河南卫辉市大司马村隋唐乞扶令和夫妇合葬墓》，《考古》2015年第2期；河南省文物局：《卫辉大司马墓地》，科学出版社，2016年。

图2
卫辉市大司马墓地唐墓出土陶俑及陶瓷器

的单室砖券墓和小型的竖穴墓道土洞墓两种。中型墓全部被盗扰，小型墓大多保存完好。出土器物一般为瓷器、红陶或白陶的彩绘俑以及具有浓郁生活气息的模型明器，另有少量的漆木器和铜镜。代表性器物有白瓷马、白瓷塔式罐、白瓷盏与盏托、花釉瓷执壶、青釉瓷罐、铜镜、彩绘红陶或白陶的天王、镇墓兽、骑马俑、文吏、武士、仕女俑、胡俑、牛及牛车、鸡、狗等。另外出土有石质或砖质的墓志8合。其中宋华夫妇合葬墓保存完整，墓主人为唐代河阳军兵马副使宋华及其夫人阎氏，随葬有陶瓷器等文物10件（组），其中瓷器为白瓷碗、四系酱釉瓷瓶和黄釉瓷钵[9]。另外M68为1座长方形墓道洞室墓，随葬有陶瓷器10件，以及铁锸和铜钱等（图3）。其中陶瓷器分别为陶钵1件、三彩釉陶5件（图4）、白釉玉璧底盏1件、黑釉双系罐1件、青釉条纹双系罐1件和青釉小人骑马俑1件[10]。

聂村墓地位于博爱县阳庙镇聂村，2006年焦作市文物工作队进行了考古发掘，发掘唐代砖室墓13座，出土文物70余件。各墓葬随葬品的器物种类和数量不同，主要有陶俑、马、骆驼、罐、三彩钵、罐、碗、绿釉罐、

[9] 河南省文物局南水北调文物保护办公室、河南省文物考古研究所、荥阳市文物保护管理所：《河南荥阳市薛村遗址唐代纪年墓》，《考古》2010年第11期。

[10] 河南省文物考古研究所：《河南荥阳市薛村遗址2005年度发掘简报》，《华夏考古》2007年第3期。

图3
荥阳市薛村唐墓M68

图4
荥阳市薛村唐墓M68随葬唐三彩一组

图5 新乡市郭柳唐墓M41

棕红釉钵，青瓷瓶、碗，开元通宝铜钱和墨书砖志等。墨书砖志中，M5记载墓主人为咸亨二年"唐骑尉向君及夫人墓志铭"，M8为唐天宝元年，M9为唐开元纪年[11]。出土的三彩器中，以5件三彩钵最为精美，色彩艳丽，展现了盛唐时期高超的三彩制作工艺。郭柳墓地位于新乡市凤泉区前郭柳村南，2006年新乡市文物工作队对墓地进行了发掘。发掘唐代墓葬共12座，均为竖井式墓道土洞墓，随葬品有陶双系罐、大口罐、碗、三彩炉、注壶，瓷器有碗、盏、盂，其他有铜镜、铜簪、铁剪和"开元通宝"铜钱等。其中，M41随葬有三彩炉、绿彩注壶、黄瓷碗、黑瓷盏、陶双系罐和铜镜等6件（图5）。M6随葬有陶盖罐、"开元通宝"铜钱和墓志1盒，其墓志上有"大中元年"字样，表明此墓为唐代大中元年（847年）[12]。

禹州市新峰墓地是2007～2011年由许昌市文物工作队发掘，共清理战国至清代墓葬551座。这里发现的7座唐墓，均为长方形墓道洞室墓，随葬品主要为陶、瓷、铁器和铜钱，瓷器一般是1～3件不等（图6）。在随葬的16件瓷器中，有白釉碗5件、花釉双系罐2件和白釉唾壶、黑釉罐、黑釉瓶、

[11]焦作市文物工作队、洛阳市文物工作队、河南省文物局南水北调办公室：《河南焦作博爱聂村唐墓发掘报告》，《文博》2008年第3期。

[12]河南省文物局：《百泉、郭柳与山彪》，科学出版社，2010年。

图6
禹州市新峰墓地
唐墓M199

黑釉执壶、花釉执壶、黄釉钵、黄釉执壶、青釉钵、青釉壶各1件[13]。

2006～2008年河南省文物考古研究院主持发掘的荥阳市关帝庙遗址，是一处保存完整、功能齐全的商代晚期聚落遗址，清理一批商代晚期灰坑、房基、墓葬、陶窑、水井和祭祀坑，出土各类质地的文化遗物近千件。这里也清理有3座小型唐墓，皆为长方形墓道的洞室墓。其中1号墓随葬器物8件，分别为青釉饼形足碗2、青釉双系罐1、黑釉短流执壶2、铁剪2件和铜钱1枚[14]。

2010～2011年郑州大学历史学院对荥阳市后真村遗址进行了考古发掘，共发现墓葬、陶窑、灰坑、水井、窖穴等各类遗迹，时代包括汉、唐、宋、金及清代。其中，两座唐墓均为土洞墓，保存较好。盛唐时期墓葬1座，随

[13] 河南省文物考古研究院、许昌市文物工作队：《河南禹州新峰墓地唐墓发掘简报》，《华夏考古》2013年第4期。

[14] 河南省文物考古研究所：《河南荥阳市关帝庙遗址唐、金墓葬发掘简报》，《华夏考古》2008年第4期。

图7
荥阳市后真村唐墓M12随葬品

葬有陶马、骆驼、男女侍俑和瓷罐、瓷瓶、瓷盏各1件（图7）。另1座为中晚唐时期，仅随葬1件花釉瓷罐[15]。

叶县文集遗址出土的唐代陶瓷器，主要有三彩敛口钵、青釉执壶、黑釉盆、黑釉碗、白釉唇口碗、白釉点褐彩盂等[16]。

唐代是我国陶瓷业蓬勃发展的时期，这一时期不仅窑口增多，品种多样，而且烧造技术提高，釉色亮丽，制作精良。陶瓷学界往往以"南青北白"来形容我国唐代陶瓷手工业的生产格局，其中北方白瓷的代表性窑口，除大家熟知的河北邢窑外，还有河南巩义窑等。河南已发现的唐代瓷窑址多达数十处，经过考古发掘的有巩义市白河窑、巩义市黄冶窑、新密市西关窑、禹州市下白峪窑、鲁山县段店窑和鹤壁市鹤壁集窑等。唐代的鲁山花瓷在当时享有盛名，巩义窑除烧制精致白瓷外，还是洛阳唐三彩和唐青花的产地。南水北调中线工程河南段唐代墓葬随葬的陶瓷器，主要是唐三彩和黑釉、花釉、白釉瓷器，绝大多数属于河南当地窑口。其中，博爱县聂村墓地、荥阳市薛村墓地和叶县文集遗址出土的三彩器，均是巩义窑的产品。由于隋唐大运河的开通，南北方陶瓷器相互流通，以往在洛阳、郑州和三门峡等地，均发现有唐代浙江越窑和湖南长沙窑的产品。这次荥阳市薛村唐墓随葬有1件浙江越窑青瓷碗和1件安徽宣州窑彩瓷罐，也成为南北方陶瓷器相互交流的见证。

[15]郑州大学历史学院考古系、河南省文物局南水北调文物保护办公室：《荥阳后真村墓地唐、宋、金墓发掘简报》，《中原文物》2015年第1期；河南省文物局：《荥阳后真村》，科学出版社，2018年。

[16]河南省文物局：《叶县文集出土陶瓷器》，中州古籍出版社，2017年。

三、宋元时期

在南水北调中线工程河南段已揭露宋元遗址十余处，主要有叶县文集遗址、禹州市阳翟故城、鲁山县杨南遗址、鲁山县薛寨遗址、社旗县陈郎店遗址、淅川县单岗遗址、荥阳市晏曲遗址等，这些遗址出土遗物中均以陶瓷器数量最多。

文集遗址位于叶县常村乡文集村。2006～2010年河南省文物考古研究院连续进行多次发掘，发掘面积达15000平方米，发现唐宋金元时期房基、道路、水井、窖藏坑(图8、9)、灰坑等遗迹，出土遗物1500余件，应是一处

图8
叶县文集遗址金代
地道式窖藏坑H1104

较大规模的集镇遗存[17]。遗物中以瓷器为大宗,大都是日常生活用器皿,也有绞胎球、瓷俑和玩具等。从釉色看有白、黑、青、酱、钧、绿釉和三彩等,以装饰可以分为白釉珍珠地划花、白釉剔刻花、白釉点彩、白地黑花、白釉黑口边、白釉红绿彩、黑釉白口边、黑釉凸线、黑釉油滴、黑釉酱彩、青釉印花、青釉刻花、钧釉银釦、绿釉划花等。另在宋代地层中还出土了数件天青釉汝窑瓷片,满釉支烧,值得重视。

阳翟故城位于禹州市八里营村,2006~2007年武汉大学历史学院考古系进行了考古发掘,揭露面积8000余平方米,遗存以金元时期为主,并有少量西周至汉唐遗存。共清理墓葬、灰坑、陶窑、水井等各类遗迹1000余处,

[17] 河南省文物局南水北调文物保护办公室、河南省文物考古研究院、平顶山市文物管理局等：《叶县文集遗址金代瓷器窖藏坑JC3发掘简报》《中原文物》2018年第2期；河南省文物局：《叶县文集出土陶瓷器》,中州古籍出版社,2017年。

图9 叶县文集遗址金代窖藏坑H1104部分瓷器

图10
社旗县陈郎店遗址
6号地道及出土瓷器

图11
安阳市韩琦墓墓门

出土陶瓷、铜铁、玻璃及钱币等遗物近2000件。陶瓷器数量巨大，计10万余片，以白瓷和白地黑花瓷器为主体，酱黑釉瓷器次之，青釉和钧釉瓷器约占五分之一[18]。其中有1件钧瓷梅瓶，器表通施的蓝釉和烧制过程中窑变自然形成的铜红釉相得益彰，属钧釉瓷器的精品。阳翟故城是一处保存较好的金元时期生活遗址，对于了解金元时期一般民众的社会生活状况有着重要的参考价值。

2010年4～11月，广州市文物考古研究院对鲁山县磙子营乡杨南遗址进行了抢救性考古发掘，揭露一处以汉代和宋金元时期为主的古代村落遗址。计发掘面积4500平方米，发现并清理灰坑墓葬、水井、房址、窑址等遗迹500余处，出土完整或可复原的陶瓷、铜、铁、骨、银等各类器物800余件[19]。尤其是宋元陶瓷器数量较大，种类繁多，有白瓷、黑瓷、青瓷、钧瓷、酱釉瓷和三彩陶器等，展示了宋元时期一般村落居民的日常生活面貌。其中，还发现有3件天青釉汝窑瓷器，器形分别为钵和洗。

2006年5～12月，平顶山市文物管理局文物工作队对鲁山县薛寨遗址进行了文物调查和考古发掘，发掘面积3200平方米，发现了宋、元、明、清时代文化遗存。薛寨遗址的主体是一处元代村落，遗迹主要有道路、灰坑等。出土遗物中瓷器最为丰富，有白瓷、黑瓷、青瓷等种类，流行白地黑花瓷器，器形以碗、盘、高足杯居多，在一件元代四系瓶上行书有"风花雪月"四字[20]。

2013年河南省文物考古研究院发掘的社旗县陈郎店遗址，是配合南水北调支线给水工程的考古项目，计发掘面积2000平方米，发现了以集中分布的地道为代表的重要遗迹，出土了陶、瓷、铜、铁、骨、石等器类的文物。其中完整和可复原文物达1千余件，北宋至元代瓷器多出土于地道洞室内和地道塌陷填土内（图10），北宋时期主要有白釉条纹钵、白釉双系罐、三彩灯，金代有黑釉凸线纹罐、褐釉兔毫盏、钧釉碗，元代有钧釉炉、白地黑花盆、"酒"字碗及三彩香炉等[21]。发掘表明，这里早在西周时期就有人居住生活，北宋时期开始初具规模，并具备了以码头为一体的集镇设施，到了金代这里已成为当地的市镇中心。上述宋元陶瓷器保存完整，制作工艺精致，是继叶县文集遗址之后河南地区发现的又一处宋元市镇类遗存。

宋元时期出土陶瓷器的墓葬，主要见于安阳韩琦墓地、郭柳墓地、荥阳市薛村墓地等。韩琦（1008～1075年），系北宋三朝宰相，著名政治家。韩琦家族墓地位于今安阳市殷都区皇甫屯村西地，2009～2010年安阳市文物考古研究所对该墓地进行了考古发掘，共发掘韩琦（图11）及其子韩忠彦、

[18]河南省文物局：《禹州阳翟故城遗址》（上、下），科学出版社，2016年。

[19]河南省文物局：《鲁山杨南遗址》，科学出版社，2016年。

[20]平顶山市文物管理局：《河南鲁山县薛寨遗址发掘简报》，《华夏考古》2011年第3期。

[21]赵宏等：《河南社旗陈郎店宋元遗址》，国家文物局编《2013中国重要考古发现》，文物出版社，2014年。

图12 荥阳市后真村宋墓M12随葬品

韩纯彦、韩粹彦，其孙韩治和韩琦夫人普安郡太君崔氏等宋代砖、石室墓葬9座，照壁、拜殿等大型宋代建筑基址2处。该墓地出土了韩琦及其子、孙、夫人墓志计8方，以及瓷器、铜镜、石刻等随葬品，为研究宋代高等级贵族的墓葬形制、墓园布局等提供了科学的实物资料。该墓地均遭盗掘，出土陶瓷器多为残片，只有韩治墓残留有定窑白瓷梅瓶和白瓷葵口碗各1件[22]。

新乡市凤泉区郭柳墓地发掘北宋墓葬31座，皆为竖井式墓道土洞墓，一般形制较小，多为一次性迁葬墓。这种迁葬墓有两座各有一具骨架有火烧痕迹。随葬品数量较少，只有1或2件瓷盂、罐、碗、盏、梅瓶，但大多数墓内随葬有铜钱。其中M15出土石棺一具，刻有题记"政和元年（1111年）葬"字样，随葬有白瓷碗1件和铜钱3枚[23]。新乡市老道井墓地计发掘宋墓12座，均为竖井墓道土洞墓，墓室规模较小。其中5座有随葬品，主要有白瓷碗、白瓷瓜棱罐、白瓷双耳罐、黑瓷罐、黑瓷玉壶春瓶、陶瓦和铜钱等器类[24]。

荥阳市薛村宋金墓葬比较集中，一般都为夫妇合葬墓，主要随葬有大量的北宋铜钱，部分墓葬出土有"正隆元宝"，可知为金墓。另外随葬有少量瓷器，主要有黄釉瓷瓶、绿釉陶枕等，一般有朱书镇墓瓦或镇墓石块，也有少量墓葬随葬铁犁铧或铁剪[25]。荥阳后真村遗址发现宋金时期墓葬8座，其中砖室墓3座，土洞墓5座。皆为平民墓，随葬品一般为数枚铜钱。只有1座北宋墓除随葬5枚铜钱外，还有陶瓷器6件，分别为三彩枕、绿釉马、绿釉罐、酱釉瓶、酱釉粉盒和白釉盏（图12）[26]。荥阳市关帝庙遗址发现金墓4座，皆为长方形墓道洞室墓，墓室为纵长方形或近长方形。随葬器物分别为黑釉涩圈底碗、黑釉双耳罐、铜钱，以及铜簪、铜叉、耳饰等[27]。

[22] 安阳市文物考古研究所、河南省文物局南水北调文物保护办公室：《河南安阳市宋代韩琦家族墓地》，《考古》2012年第6期；河南省文物局：《安阳韩琦家族墓地》，科学出版社，2012年。

[23] 河南省文物局：《百泉、郭柳与山彪》，科学出版社，2010年。

[24] 河南省文物局：《新乡老道井墓地》，科学出版社，2011年。

[25] 河南省文物考古研究所：《河南荥阳市薛村遗址2005年度发掘简报》，《华夏考古》2007年第3期。

[26] 郑州大学历史学院考古系、河南省文物局南水北调文物保护办公室：《荥阳后真村墓地唐、宋、金墓发掘简报》，《中原文物》2015年第1期；河南省文物局：《荥阳后真村》，科学出版社，2018年。

[27] 河南省文物考古研究所：《河南荥阳市关帝庙遗址唐、金墓葬发掘简报》，《华夏考古》2008年第4期。

淅川县大石桥墓地发掘宋金墓葬9座，其中仿木结构砖室墓5座，土坑砖券顶墓4座。仿木结构砖室金墓一般由斜坡或斜坡阶梯墓道、长方形砖券甬道和六角形或八角形墓室组成，墓壁上砖砌有门扇、棂窗以及灯、桌椅等家具。随葬品皆较少，一般为1～4件不等，主要为瓷器和铜钱[28]。其中M10出土有青瓷盂1件和青瓷碗2件，器形较大，制作精致，该墓应晚至金代。

宋代河南制瓷业达到高峰，"汝、官、哥、定、钧"五大名窑河南占其一半，其中汝、钧和北宋官窑均在今河南境内。1974年在禹州市北关钧台窑址，出土了与北京故宫博物院所藏完全相同，并带有数字编号的钧瓷花盆、盆托、出戟尊和鼓钉洗，应属所谓"官钧"瓷器的产地。1987年在宝丰县清凉寺村发现了北宋汝窑遗址，2000年找到了汝窑烧造区，揭开了汝窑青瓷的烧造之谜。2000年以来曾多次发掘的汝州张公巷窑，出土了制作精良、且具有官窑品质的青釉瓷器，有不少学者认为可能是北宋官窑或者是金代官窑。金元时期，河南地区主要烧造钧窑类型和磁州窑类型瓷器，两大名窑产品争奇斗艳，并在一个窑区同时生产。烧制钧窑类型瓷器的窑场，主要以禹州境内为中心，其他比较集中分布的区域有汝州市、新安县、鹤壁市和安阳市。以烧制白地黑花瓷器为主的磁州窑类型窑址众多，主要有修武县当阳峪窑、鹤壁市鹤壁集窑、禹州市扒村窑、新密市窑沟窑和禹州市神垕窑址等。宋元时期诸名窑瓷器流通区域扩大，安阳韩治墓出土有定窑白瓷梅瓶和白瓷葵口碗。在宋元遗址方面，叶县文集、鲁山县杨南等遗址均出土有江西景德镇窑生产的青白瓷器和河北定窑白瓷器，禹州市阳翟故城也见有定窑印花白瓷和龙泉窑模印双鱼纹青瓷器。另外，叶县文集遗址和鲁山杨南遗址均出土有数件天青釉汝瓷器，印证了汝窑瓷器"供御拣退，方许出卖"，即又允许市场流通的史实。

这次发掘的宋元遗址多达十余处，既有繁华的城镇、也有偏僻的村落，出土瓷器数量颇大、品种繁多，有的制作水平较高，反映出河南制瓷业的繁荣和兴盛。鲁山县杨南遗址、鲁山县薛寨遗址皆位于沙河上游，距离鲁山县段店窑址不远，两地出土瓷器均为鲁山段店窑产品。叶县文集遗址和社旗县陈郎店遗址出土瓷器，也以鲁山段店窑产品为大宗。禹州市阳翟故城出土瓷器，主要为金元时期的磁州窑类型和少量印花青瓷、钧窑瓷器，与禹州市神垕窑址和扒村窑址制瓷风格接近，应为当地窑口所生产。淅川县大石桥金墓随葬的青瓷盂和青瓷碗，在河南宋金墓葬中尚不多见，应是河南内乡县邓窑的产品。

[28] 甘肃省文物考古研究所、河南省文物局南水北调文物保护办公室：《河南淅川大石桥宋墓发掘简报》，《考古与文物》2017年第4期。

叶县文集遗址出土的精美瓷器主要见于窖藏坑，有的窖藏坑出土达数十件之多，应与当时兵荒马乱的社会动荡局面有关。而社旗县陈郎店遗址比较完整的瓷器，多出土于地道洞室内和地道塌陷填土内。这些纵横交错的地道，真实再现了宋金时期中原地区市镇居民躲避战乱的生活场景。据地方志书记载，河南现有人口中，多为明初从山西洪洞县大槐树迁徙过来的。但在鲁山县杨南遗址出土白釉瓷器中，一些碗、盘、执壶、梅瓶等器物无釉的外底足心部与外壁下腹部往往墨书有文字或符号，墨书文字以姓氏最多达22种，其中杨姓多至18件。该遗址地属杨南村，其与杨北、杨东村共同组成杨村。即杨村是个大的自然村，现在划分为三个行政村，杨南是其中之一。据北宋时期杨姓即占到大多数来看，杨村可能由来已久，在当时就已经形成了村落，而一直延续生活至今。

四、明 清 时 期

明清时期遗迹出土瓷器相对较少，主要见于淅川县马蹬元明故城、新乡市凤泉区金灯寺明代窑址、宝丰县廖旗营明代李真家族墓、荥阳市薛村明墓、淅川县下寺清代城址和新郑市王老庄清代墓地。

2010年南京大学考古系发掘的淅川县马蹬故城，发现城墙7段、护城河5段，建造年代为南宋晚期至明代早期，与淅川县志记载基本吻合。马蹬故城平面呈长方形，东西长500米，南北宽400米，四面中部各有一座城门，城墙为夯筑土墙，城外有护城河环绕。出土有陶、瓷、石、铜、铁器及铜钱等，带款瓷器有"大明成化年造""大明年造""大清康熙年造"等，以碗、盘等日常生活用具为主[29]。

金灯寺窑址位于新乡市凤泉区金灯寺村西北，2006年驻马店市文物考古管理所对其进行了抢救性发掘，揭露面积4000平方米，发现一处保存比较完整的制陶作坊遗址，清理出灰坑9座、灰沟4条、沉浆池2座、蓄水井1眼、窑洞5座、陶窑2座。出土了大量器物残片，烧制品以卷沿盆数量最多，陶灯台、罐、小陶炉次之，并有少量陶筒形器；制陶工具有陶制的楔形和壁形刮刀、轮托盘、陶喷壶以及铁刮刀，并出土有大量未经烧制的陶盆泥坯残块，以及少量白釉瓷碗、褐釉瓷碗、褐釉瓷罐等[30]。出土的白釉、褐釉瓷碗和罐等与明代同类器相同，结合出土的康、雍、乾三个时期的铜钱综合分析，该窑址始建于明代，清代延续使用至乾隆以后废弃。

[29]河南省文物局南水北调文物保护办公室汇总资料。

[30]河南省文物局南水北调文物保护办公室汇总资料。

明代李真家族墓位于宝丰县廖旗营村东，2010年郑州大学历史学院发掘，计发掘13座，分两排由西北向东南排列。除33号墓和53号墓为李古民夫妇异穴合葬墓，余皆为夫妇同穴合葬墓。均为类椁式墓，椁室用砖、石、三合土等材料砌筑或浇筑，内有木棺。随葬有黑瓷罐14件、锡罐4件、铜镜6件、金银器20件、铜钱305枚等，以及9方墓志[31]。荥阳市薛村发现的1座明墓为长方形墓道偏洞室墓，随葬有青花瓷碗1件、镇墓石4个和铜钱27枚[32]。

王老庄墓地位于新郑市城关乡东半部的岗地上，2011年河南省文物考古研究所对该墓地进行了抢救性发掘工作，计清理清代墓葬108座，可分为砖室墓、砖土混合墓、土坑墓三种类型。共出土器物520余件，其中瓷器有罐、小罐、盖碗等197件[33]。其中M14是一座混砖四室双墓道墓，系终于山东朝城任上知县王贇夫妇四人合葬墓，随葬品仅有瓷罐4件、折扇1把，砖志1块，一些铜扣和较多铜钱。M50王贇之重孙湖北崇宁县知县王海楼与妻胡氏合葬墓，在两棺外各出土小瓷罐10件。

下寨清代城址位于淅川县滔河乡下寨村北，2009年河南省文物考古研究院对其进行抢救性发掘，出土了大量的清代瓷器，尤以H53出土数量最多。下寨城址出土的清代瓷器以青花瓷为主，青瓷次之，彩瓷、白瓷、黑瓷最少。青花瓷器多为白色或烟灰色胎，釉质透明，纹饰主要有花草、莲瓣、"寿"字纹等，器类包括碗、盘、枕、盆、瓶、盖等，以碗、盘为大宗，部分器物有明确的时代款识，时代集中在清嘉庆和道光两代[34]。

上述明清城址和墓葬出土的一些青花和粉彩瓷器制作工艺讲究，造型优美，当是民窑瓷器的精品，应该是江西景德镇民窑所生产。

[31] 郑州大学历史学院、河南省文物局南水北调文物保护办公室、宝丰县文物管理局等：《河南宝丰廖旗营墓地明代家族墓发掘简报》，《文物》2017年第4期；河南省文物局：《宝丰廖旗营墓地》，科学出版社，2019年。

[32] 河南省文物考古研究所：《河南荥阳市薛村遗址2005年度发掘简报》，《华夏考古》2007年第3期。

[33] 河南省文物局南水北调文物保护办公室汇总资料。

[34] 孙锦：《河南淅川下寨城址出土清代瓷器》，《中原文物》2017年第3期。

1 东晋南北朝

←

1.1

青釉盘口壶（M21∶3）
东晋
口径 9.5、腹径 14.5、底径 9、高 20 厘米
南阳市淅川县大石桥墓地出土
2010 年甘肃省文物考古研究所发掘

1.2

青釉四系罐（M13∶11）
东晋
口径 13、腹径 21、底径 12.2、高 15.5 厘米
南阳市淅川县大石桥墓地出土
2010 年甘肃省文物考古研究所发掘

←

1.3
青釉碗（M61∶1）
东晋
口径8、腹径8.3、底径4.4、高3.8厘米
南阳市淅川县下寨墓地出土
2009～2010年河南省文物考古研究所发掘

1.4
青釉盘口壶（M79∶2）
东晋
口径5.4、最大腹径8.8、底径3.8、高9.5厘米
南阳市淅川县下寨墓地出土
2009～2010年河南省文物考古研究所发掘

1.5

青釉碗（M66：2）
南朝
口径 15.2、底径 9.6、高 6.3 厘米
南阳市淅川县柳家泉墓地出土
2007 年辽宁省文物考古研究所、
沈阳市文物考古研究所发掘

1.6

青釉钵（M65∶2）
南朝
口径 14.7、底径 8.8、高 7 厘米
南阳市淅川县柳家泉墓地出土
2007 年辽宁省文物考古研究所、
沈阳市文物考古研究所发掘

1.7
青釉罐（M66∶1）
南朝
口径 8.2、底径 10.8、高 18.8 厘米
南阳市淅川县柳家泉墓地出土
2007 年辽宁省文物考古研究所、
沈阳市文物考古研究所发掘

→
1.8
青釉鸡首壶（M86∶1）
南朝
口径 10.4、底径 14.4、高 28.8 厘米
南阳市淅川县柳家泉墓地出土
2007 年辽宁省文物考古研究所、
沈阳市文物考古研究所发掘

1.9
青釉碗（M394:2）
南朝
口径15、底径8.6、高8厘米
南阳市淅川县马川墓地出土
2007～2008年驻马店市文物考古研究所发掘

→
1.10
四系盘口壶（M394:4）
南朝
口径10.5、底径9、高19.8厘米
南阳市淅川县马川墓地出土
2007～2008年驻马店市文物考古研究所发掘

1.11

青釉罐（M1∶2）
北齐武平四年（573年）
口径 5.9、最大腹径 11、底径 5.9、高 13.7 厘米
安阳市北齐武平四年贾宝墓出土
2012 年安阳市文物考古研究所发掘

1.12

青釉罐（M1：3）
北齐武平四年（573年）
口径 5.3、最大腹径 11.5、底径 5.4、高 14.3 厘米
安阳市北齐武平四年贾宝墓出土
2012 年安阳市文物考古研究所发掘

2

唐

2.1

白釉碗（M2:3）
唐元和十五年（820年）
口径 22.6、底径 10.6、高 7.1 厘米
郑州市荥阳市薛村唐元和十五年宋华墓出土
2005 年河南省文物考古研究所发掘

2.2

白釉碗（M164：3）
唐代
口径 13.5、底径 4.7、高 4 厘米
郑州市荥阳市薛村墓地出土
2005 年河南省文物考古研究所发掘

2.3
白釉碗（M235：3）
唐代
口径 14.6、底径 6.3、高 4.4 厘米
许昌市禹州市新峰墓地出土
2007～2011 年许昌市文物工作队发掘

2.4
白釉碗（M235：6）
唐代
口径 13.2、底径 7.2、高 3.9 厘米
许昌市禹州市新峰墓地出土
2007～2011 年许昌市文物工作队发掘

2.5
白釉碗（T0502④b∶3）
唐代
口径15、底径6.4、高4.6厘米
平顶山市叶县文集遗址出土
2008年河南省文物考古研究所发掘

2.6

白釉盏（M68∶3）
唐代
口径 16.3、底径 7.1、高 4.2 厘米
郑州市荥阳市薛村墓地出土
2005 年河南省文物考古研究所发掘

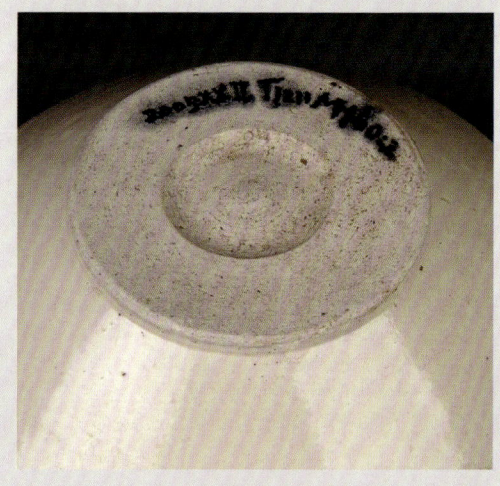

2.7

白釉盏（M160∶2）

唐代
口径 13.6、底径 7.5、高 3.8 厘米
郑州市荥阳市薛村墓地出土
2005 年河南省文物考古研究所发掘

2.8

灰白釉盏（M233：2）

唐代

口径 12.9、底径 6.9、高 3.6 厘米

郑州市荥阳市薛村墓地出土

2006 年河南省文物考古研究所发掘

2.9
白釉盏与盏托〔白釉盏（上）M61：4，白釉盏托（下）M61：3〕
唐代
盏口径 10.6、底径 4.7、高 3.2 厘米
盏托口径 10、底径 4.7、高 2.7 厘米
郑州市荥阳市薛村墓地出土
2006 年河南省文物考古研究所发掘

43

2.10
白釉罐（M88：12）
唐代
口径 8.5、腹径 14.4、底径 8、高 13.1 厘米
郑州市荥阳市薛村墓地出土
2005 年河南省文物考古研究所发掘

2.11
白釉双系罐（M31∶4）
唐代
口径 8.5、腹径 11.2、底径 7.2、高 8.5 厘米
郑州市荥阳市薛村墓地出土
2005 年河南省文物考古研究所发掘

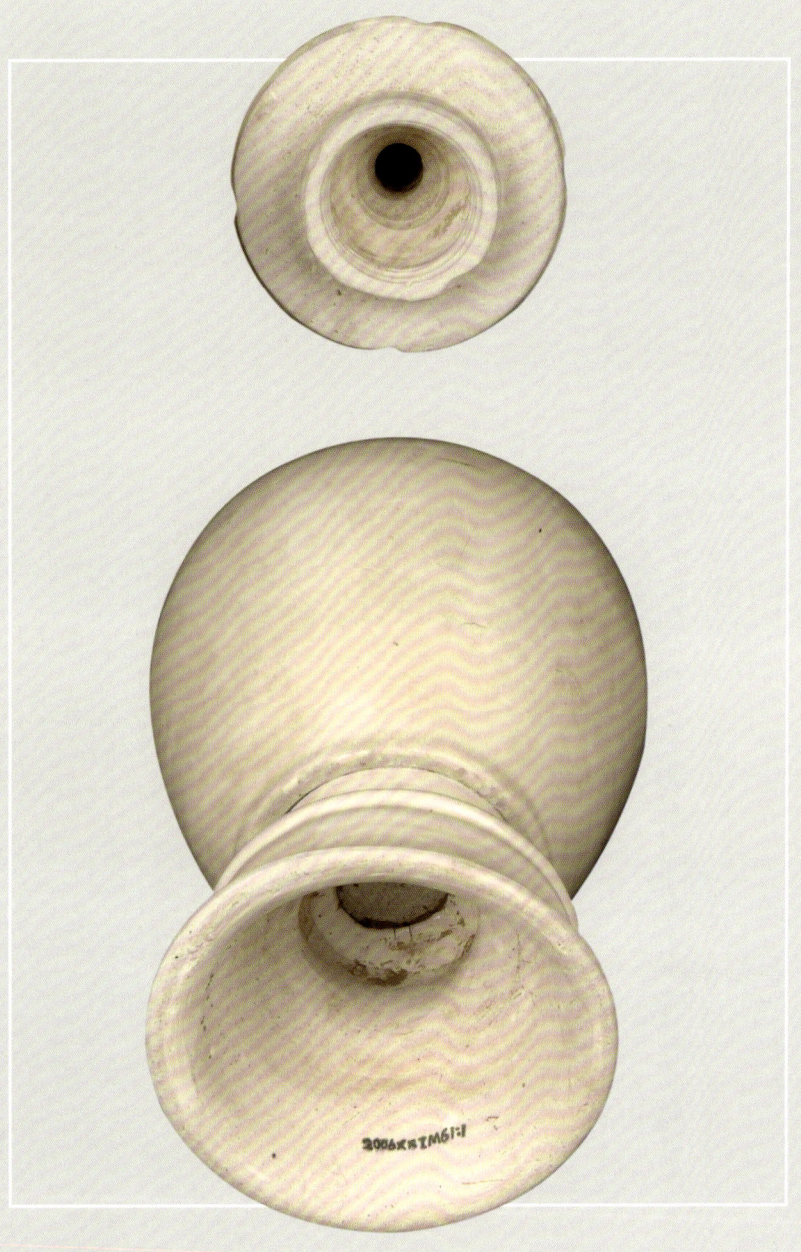

2.12
白釉塔式罐（M61:1）
唐代
通高 41、盖最大径 11.2、盖高 15 厘米；
主体罐口径 8.8、最大腹径 18、底径 9.6、高 21 厘米；
座底径 14.6、高 9.2 厘米
郑州市荥阳市薛村墓地出土
2006 年河南省文物考古研究所发掘

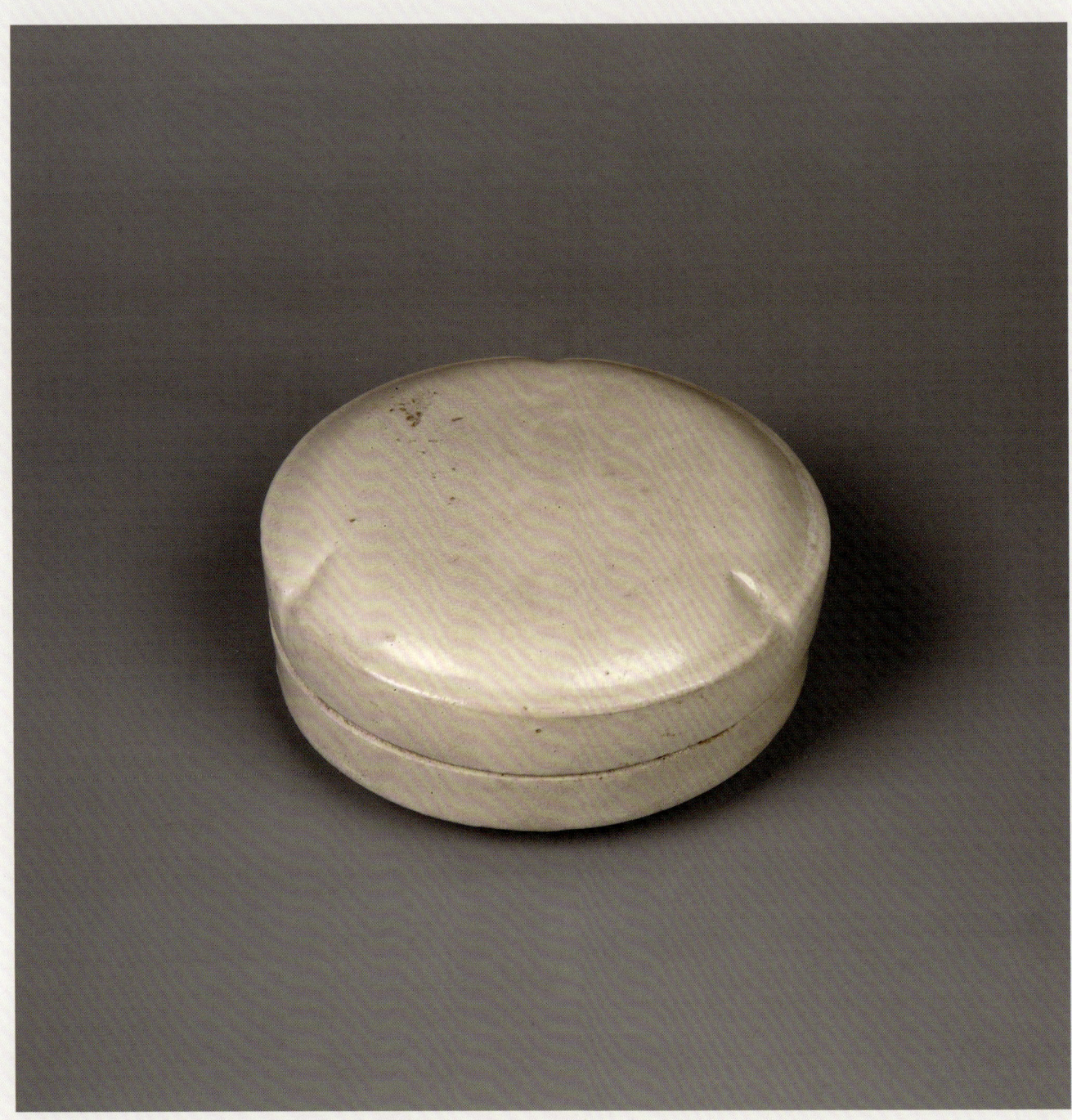

2.13
白釉粉盒（M35∶1）
唐代
口径 7.9、通高 3.5 厘米
郑州市荥阳市薛村墓地出土
2005 年河南省文物考古研究所发掘

49

2.14
白釉唾壶（M199∶5）
唐代
口径15.2、腹径10.6、底径6.7、高10.8厘米
许昌市禹州市新峰墓地出土
2007～2011年许昌市文物工作队发掘

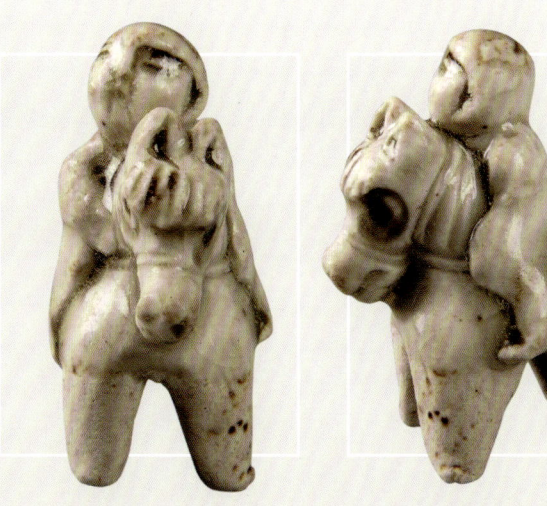

2.15
白釉小骑马俑（M68：16）
唐代
通长 3.2、宽 1.9、通高 3.8 厘米
郑州市荥阳市薛村墓地出土
2005 年河南省文物考古研究所发掘

2.16
彩绘白釉马（M68:8）
唐代
通长37.8、高31.5厘米
郑州市荥阳市薛村墓地出土
2006年河南省文物考古研究所发掘

2.17

酱釉四系瓶（M2∶5）
唐元和十五年（820年）
口径5.8、最大径12.9、底径8、高15.8厘米
郑州市荥阳市薛村唐元和十五年宋华墓出土
2005年河南省文物考古研究所发掘

2.18

黑釉瓶（M77：2）
唐代
口径 4.6、腹径 10.4、底径 6.3、高 14.8 厘米
郑州市荥阳市关帝庙唐墓出土
2007 年河南省文物考古研究所发掘

2.19
黑釉执壶（M1:3）
唐代
口径8.4、腹径15.3、底径7、高18.5厘米
郑州市荥阳市关帝庙唐墓出土
2006年河南省文物考古研究所发掘

2.20
黑釉执壶（M1：4）
唐代
口径 11.6、腹径 18.2、底径 9.8、高 23.3 厘米
郑州市荥阳市关帝庙唐墓出土
2006 年河南省文物考古研究所发掘

2.21
褐釉执壶（T1106④a：4）
唐代
口径 8.5、底径 8.3、高 27 厘米
平顶山市叶县文集遗址出土
2008 年河南省文物考古研究所发掘

2.22
黑釉双系罐（M62：2）
唐代
口径 9.5、腹径 14.4、底径 7.4、高 13.4 厘米
郑州市荥阳市薛村墓地出土
2005 年河南省文物考古研究所发掘

2.23
越窑青釉碗（M128：2）
唐代
口径 14.7、底径 6、高 4 厘米
郑州市荥阳市薛村墓地出土
2006 年河南省文物考古研究所发掘

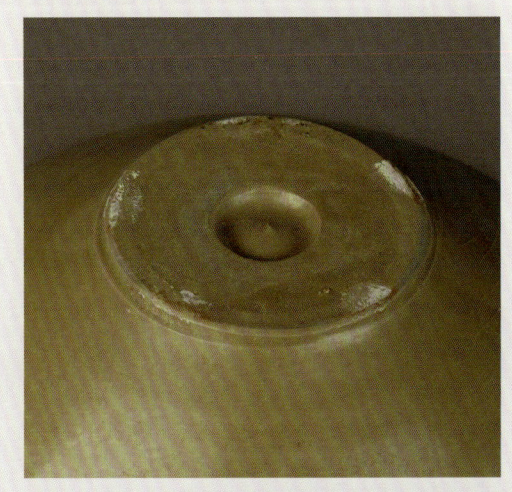

2.24
宣州窑青釉褐彩罐（M68:1）
唐代
口径 10.6、最大腹径 16.4、底径 9.5 厘米
郑州市荥阳市薛村墓地出土
2005 年河南省文物考古研究所发掘

2.25
花釉双系执壶（M36：9）
唐大中八年（854年）
口径9、底径10、高21.5厘米
郑州市荥阳市薛村唐大中八年张怀让墓出土
2005年河南省文物考古研究所发掘

2.26
花釉双系执壶（M125∶2）
唐代
口径 8.6、底径 9.4、高 18.4 厘米
许昌市禹州市新峰墓地出土
2007～2011 年许昌市文物工作队发掘

2.27
花釉双系罐（M199：2）
唐代
口径 8.8、腹径 16.4、底径 8.8、高 17.2 厘米
许昌市禹州市新峰墓地出土
2007～2011 年许昌市文物工作队发掘

→
2.28
花釉双系罐（M25：1）
唐代
口径 7.6、底径 6.4、高 9 厘米
郑州市荥阳市后真村墓地出土
2010～2011 年郑州大学历史学院考古系发掘

2.29
花釉双系罐（M112∶1）
唐代
口径 9.1、腹径 16、底径 9.9、高 17.8 厘米
郑州市荥阳市薛村墓地出土
2005 年河南省文物考古研究所发掘

2.30
花釉双系罐（M164:4）
唐代
口径 9.4、腹径 15.4、底径 8.5、高 14.8 厘米
郑州市荥阳市薛村墓地出土
2005 年河南省文物考古研究所发掘

2.31
黄釉碗（M1：1）
唐代
口径 16、底径 8、高 4.6 厘米
郑州市荥阳市关帝庙唐墓出土
2006 年河南省文物考古研究所发掘

2.32
黄釉罐（M1：2）
唐代
口径 10.4、腹径 20.6、
底径 10.6、高 24.5 厘米
郑州市荥阳市关帝庙唐墓出土
2006 年河南省文物考古研究所发掘

3

北宋

3.1

定窑白釉葵口盘（M6∶9）
宋宣和七年（1125 年）
口径 21.2、底径 6.3、高 5.2 厘米
安阳市韩琦家族墓地宣和七年韩治墓出土
2010 年安阳市文物考古研究所发掘

3.2

白釉碟（T0505 建Ⅶ①：1）
北宋
口径 11.4、底径 4.8、高 3.7 厘米
平顶山市叶县文集遗址出土
2008 年河南省文物考古研究所发掘

3.3
白釉柳条纹钵（T21⑥∶5）
北宋
口径 13.5、底径 4.5、高 6.3 厘米
南阳市社旗县陈郎店遗址出土
2013 年河南省文物考古研究院发掘

3.4

白釉柳条纹钵（T0501J9∶3）
北宋
口径 11.9、底径 5.3、高 6.7 厘米
平顶山市叶县文集遗址出土
2008 年河南省文物考古研究所发掘

3.5
白釉瓜棱执壶（T1005F38：2）
北宋
口径 5.4、底径 7.5、高 17.6 厘米
平顶山市叶县文集遗址出土
2008 年河南省文物考古研究所发掘

3.6
白釉执壶（M265：1）
北宋
口径 11.5、底径 6.7、高 23.5 厘米
郑州市荥阳市薛村墓地出土
2005～2006 年河南省文物考古研究所发掘

←

3.7
定窑白釉刻花梅瓶（M6:8）
宋宣和七年（1125年）
口径 5.7、腹径 18.6、底径 9.7、高 38.4 厘米
安阳市韩琦家族墓地宣和七年韩治墓出土
2010 年安阳市文物考古研究所发掘

3.8
黑釉双系罐（M26:1）
北宋
口径 11、底径 6.9、高 8 厘米
郑州市荥阳市后真村墓地出土
2010～2011 年郑州大学历史学院考古系发掘

3.9
青釉印花缠枝牡丹纹碗（T2208④：12）
北宋
口径 21.5、底径 6.9、高 9.4 厘米
平顶山市鲁山县杨南遗址出土
2010 年广州市文物考古研究所发掘

3.10
青釉印花交枝牡丹纹碗（T1309H380：1）
北宋
口径 19.2、底径 5.5、高 7.8 厘米
平顶山市叶县文集遗址出土
2008 年河南省文物考古研究所发掘

3.11

青釉印花水鸟纹碗（T12H78：6）
北宋
口径 18.2、底径 5.7、高 7.9 厘米
南阳市社旗县陈郎店遗址出土
2013 年河南省文物考古研究院发掘

3.12
青釉盏（HG30∶1）
北宋
口径 12.4、底径 4、高 5.9 厘米
平顶山市叶县文集遗址出土
2007 年河南省文物考古研究所发掘

3.13
青釉盏（T0606J11∶2）
北宋
口径 10.5、底径 3.1、高 4.8 厘米
平顶山市叶县文集遗址出土
2008 年河南省文物考古研究所发掘

3.14
白釉绿彩碗（T1308 建 I : 1）
北宋
口径 20.1、底径 8.4、高 7.3 厘米
平顶山市叶县文集遗址出土
2006 年河南省文物考古研究所发掘

3.15

白釉点黑彩碗（T3313③：5）
北宋
口径 12.9、底径 6、高 4.8 厘米
平顶山市鲁山县杨南遗址出土
2010 年广州市文物考古研究所发掘

3.16
白釉珍珠地"齐寿"铭枕（G110：02）
北宋
长26、宽17、高13厘米
平顶山市鲁山县杨南遗址出土
2010年广州市文物考古研究所发掘

→
3.17
白釉珍珠地牡丹纹梅瓶（T1405②a：2）
北宋
残高42.5、底径9.6厘米
平顶山市叶县文集遗址出土
2007年河南省文物考古研究所发掘

3.18

绞胎碗（M22：1）
北宋
口径 8.4、底径 3.2、高 3.9 厘米
新乡市辉县市毡匠屯墓地出土
2006 年重庆市文物考古研究所发掘

3.19
黑釉连弧纹"卫傅"碗（Z265:8）
北宋
口径 23、底径 8、高 5.5 厘米
平顶山市鲁山县杨南遗址出土
2010 年广州市文物考古研究所发掘

3.20

黑釉兔毫盏（T2208②：21）
北宋
口径 12.4、底径 3.6、高 5.3 厘米
平顶山市鲁山县杨南遗址出土
2010 年广州市文物考古研究所发掘

3.21

酱釉盏（T2513③:14）
北宋
口径 11.8、底径 3.6、高 4.2 厘米
平顶山市鲁山县杨南遗址出土
2010 年广州市文物考古研究所发掘

4
───

金

───

4.1

白釉碗（T2106H724：16）
金代
口径 22.1、底径 6.8、高 9.2 厘米
平顶山市叶县文集遗址出土
2007 年河南省文物考古研究所发掘

4.2

白釉碗（T1005H687：4）
金代
口径 20、底径 6.2、高 7.1 厘米
平顶山市叶县文集遗址出土
2007 年河南省文物考古研究所发掘

4.3
白釉碗（T2410H1200：3）
金代
口径 9.3、底径 2.9、高 3.8 厘米
平顶山市叶县文集遗址出土
2010 年河南省文物考古研究所发掘

→

4.4
白釉划花碗（T17H68：2）
金代
口径 23.6、底径 8、高 8.3 厘米
南阳市社旗县陈郎店遗址出土
2013 年河南省文物考古研究院发掘

4.5
白釉花口碗（T8bL1④：27）
金代
口径 10.6、底径 4.3、高 5.8 厘米
南阳市社旗县陈郎店遗址出土
2013 年河南省文物考古研究院发掘

→
4.6
白釉"何"字款碗（T2003H487：1）
金代
口径 22.4、底径 7.1、高 9.6 厘米
平顶山市叶县文集遗址出土
2007 年河南省文物考古研究所发掘

4.7

黄褐釉碗（T1006③b：4）
金代
口径 15.8、底径 7.2、高 6.6 厘米
平顶山市叶县文集遗址出土
2007 年河南省文物考古研究所发掘

4.8

白釉盘（T1309H380：2）
金代
口径14.4、底径4.3、高4厘米
平顶山市叶县文集遗址出土
2008年河南省文物考古研究所发掘

4.9

白釉炉（T1307H360∶1）
金代
口缘外径 13.9、口径 6.7、底径 8.9、高 15.1 厘米
平顶山市叶县文集遗址出土
2006 年河南省文物考古研究所发掘

4.10

白釉双系罐（T8bH154∶1）

金代

口径 15.7、底径 8.8、高 19.7 厘米

南阳市社旗县陈郎店遗址出土

2013 年河南省文物考古研究院发掘

→

4.11

白釉梅瓶（T13H170∶1）

金代

口径 4、底径 11、高 38.5 厘米

许昌市禹州市阳翟故城遗址出土

2007 年许昌市文物工作队、武汉大学考古系发掘

4.12
黑釉白口边碗（T5④:3）
金代
口径16、底径6.5、高7.2厘米
南阳市社旗县陈郎店遗址出土
2013年河南省文物考古研究院发掘

4.13

黑釉碗（T1503③a∶1）

金代

口径18.9、底径5.6、高6.8厘米

平顶山市叶县文集遗址出土

2007年河南省文物考古研究所发掘

4.14

黑釉白口边碗（T2106H729∶11）
金代
口径 14.4、底径 4.7、高 7.6 厘米
平顶山市叶县文集遗址出土
2007 年河南省文物考古研究所发掘

4.15
黑釉酱花碗（T0502 建Ⅳ②：2）
金代
口径 17.6、底径 5.7、高 5.6 厘米
平顶山市叶县文集遗址出土
2008 年河南省文物考古研究所发掘

4.16
黑釉兔毫碗（T0705H1104：9）
金代
口径 14.4、底径 4.5、高 8 厘米
平顶山市叶县文集遗址出土
2008 年河南省文物考古研究所发掘

4.17
黑釉兔毫碗（T0705H1104：26）
金代
口径 14.7、底径 4.7、高 8 厘米
平顶山市叶县文集遗址出土
2008 年河南省文物考古研究所发掘

4.18

酱釉盏（H170:2）
金代
口径 13.2、底径 5.1、高 6 厘米
南阳市社旗县陈郎店遗址出土
2013 年河南省文物考古研究院发掘

4.19

黑釉盏（T2H42∶2）
金代
口径 13.5、底径 4.5、高 5.7 厘米
南阳市社旗县陈郎店遗址出土
2013 年河南省文物考古研究院发掘

4.20

黑釉酱斑盏（T1508H375∶1）
金代
口径 13.5、底径 3.5、高 4.7 厘米
平顶山市叶县文集遗址出土
2007 年河南省文物考古研究所发掘

4.21
黑釉酱彩碗（T2409②∶5）
金代
口径 17.4、底径 5.2、高 6 厘米
平顶山市鲁山县杨南遗址出土
2010 年广州市文物考古研究所发掘

4.22

黑釉连弧纹盘（T19H79∶1）
金代
口径 15.5、底径 5.8、高 3.8 厘米
南阳市社旗县陈郎店遗址出土
2013 年河南省文物考古研究院发掘

4.23

黑釉钵（T0705H1104：25）
金代
口径 17.4、底径 7.8、高 7.4 厘米
平顶山市叶县文集遗址出土
2008 年河南省文物考古研究所发掘

4.24

黑釉罐（T5D2：14）
金代
口径 24.2、底径 17.4、高 25 厘米
南阳市社旗县陈郎店遗址出土
2013 年河南省文物考古研究院发掘

4.25
黑釉双系罐（T10D4∶22）
金代
口径 20、底径 16.2、高 18.5 厘米
南阳市社旗县陈郎店遗址出土
2013 年河南省文物考古研究院发掘

4.26
黑釉双系罐（T5D2∶4）
金代
口径 21.2、底径 16.4、高 18.4 厘米
南阳市社旗县陈郎店遗址出土
2013 年河南省文物考古研究院发掘

4.27

黑釉双系罐（M69：1）
金代
口径 12、底径 6.8、高 8.3 厘米
郑州市荥阳市关帝庙金墓出土
2006～2008 年河南省文物考古研究所发掘

4.28

黑釉深腹罐（T5D2∶6）
金代
口径 17.6、底径 19、高 35.2 厘米
南阳市社旗县陈郎店遗址出土
2013 年河南省文物考古研究院发掘

4.29
黑釉凸线纹双系罐（T9D4：16）
金代
口径 15.6、底径 8.8、高 16.4 厘米
南阳市社旗县陈郎店遗址出土
2013 年河南省文物考古研究院发掘

4.30
黑釉瓜棱盖罐（T0402H21∶1罐盖、T1506H1083∶3罐身）
金代
盖高 1.7、直径 8 厘米；口径 7.3、底径 5.5、通高 9 厘米
平顶山市叶县文集遗址出土
2007 年河南省文物考古研究所发掘

4.31

褐釉鸡腿瓶（M6∶7）
金代
口径3.2、底径7、高33.6厘米
南阳市社旗县陈郎店遗址出土
2013年河南省文物考古研究院发掘

4.32

青釉碗（M10∶1）
金代
口径 23.3、底径 6.2、高 9 厘米
南阳市淅川县大石桥墓地出土
2010 年甘肃省文物考古研究所发掘

4.33

青釉碗（T1906H444：16）
金代
口径 13.8、底径 4、高 5.8 厘米
平顶山市叶县文集遗址出土
2007 年河南省文物考古研究所发掘

4.34

青釉碗（T1906H444∶3）

金代

口径 13.9、底径 5、高 5.4 厘米

平顶山市叶县文集遗址出土

2007 年河南省文物考古研究所发掘

4.35

青釉碗（T1906H444：4）
金代
口径 13.8、底径 3.6、高 6.1 厘米
平顶山市叶县文集遗址出土
2007 年河南省文物考古研究所发掘

4.36
青釉钵（M10∶3）
金代
口径18、底径11.2、高18厘米
南阳市淅川县大石桥墓地出土
2010年甘肃省文物考古研究所发掘

→

4.37
青绿釉大盘（T1906H444∶9）
金代
口径23.9、底径13.8、高5.1厘米
平顶山市叶县文集遗址出土
2007年河南省文物考古研究所发掘

4.38

青绿釉大盘（T1902H1045∶8）
金代
口径 24.3、底径 13.7、高 5.7 厘米
平顶山市叶县文集遗址出土
2008 年河南省文物考古研究所发掘

4.39

钧釉碗（T21H151：2）
金代
口径 22.4、底径 7.2、高 9.8 厘米
许昌市禹州市阳翟故城遗址出土
2007 年许昌市文物工作队、武汉大学考古系发掘

4.40

钧釉碗（T5D2∶8）
金代
口径 22.4、底径 5.8、高 10 厘米
南阳市社旗县陈郎店遗址出土
2013 年河南省文物考古研究院发掘

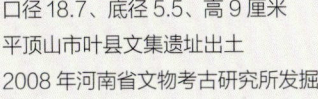

4.41

钧釉碗（T0705H1104：22）

金代

口径 18.7、底径 5.5、高 9 厘米

平顶山市叶县文集遗址出土

2008 年河南省文物考古研究所发掘

4.42

钧釉碗（T0705H1104：16）
金代
口径 23.1、底径 6.7、高 10.5 厘米
平顶山市叶县文集遗址出土
2008 年河南省文物考古研究所发掘

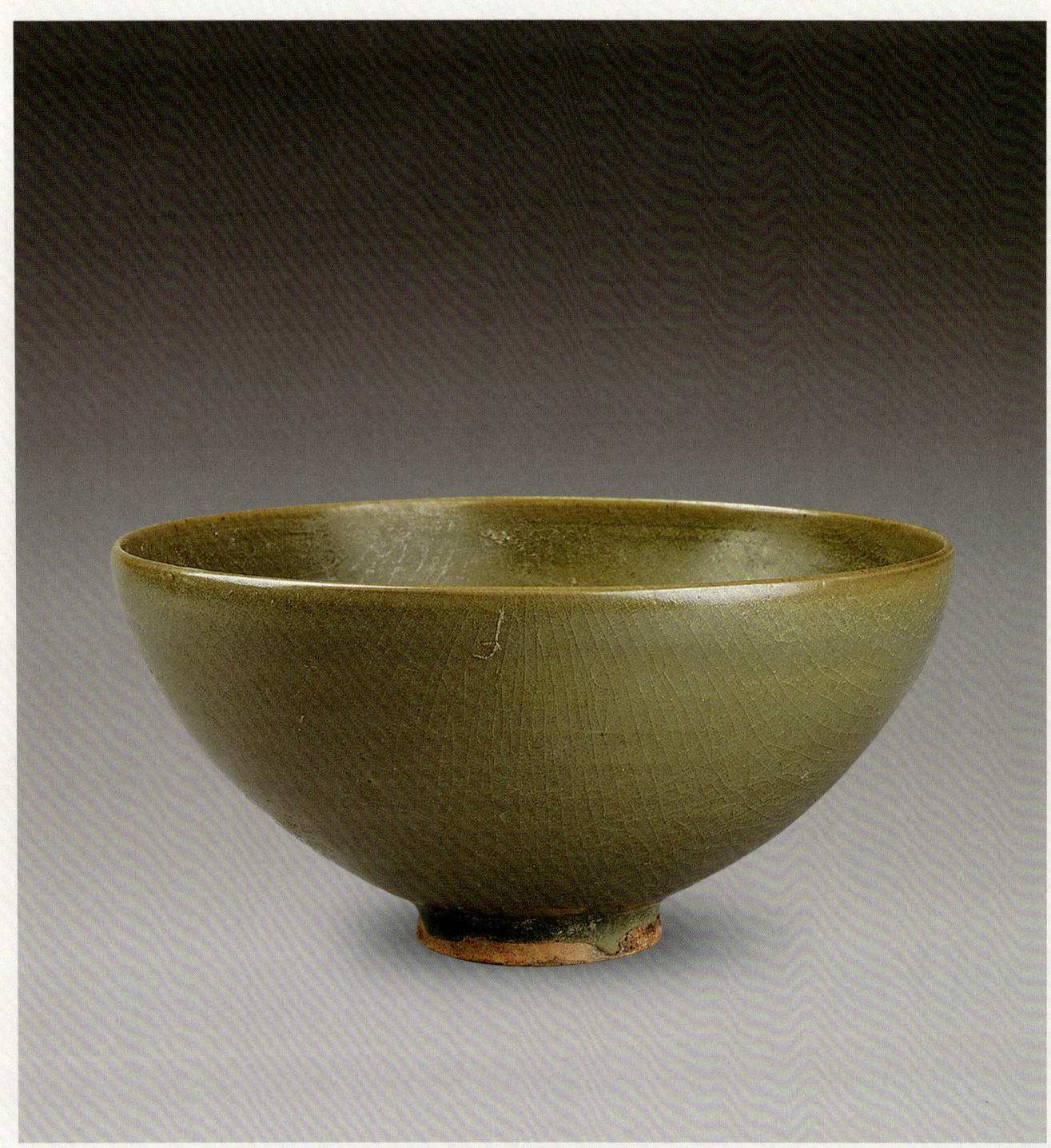

4.43

钧釉碗（T0705H1104：17）
金代
口径 22.4、底径 6.9、高 10.8 厘米
平顶山市叶县文集遗址出土
2008 年河南省文物考古研究所发掘

4.44

钧釉菊瓣纹碗（T0705H1104：14）

金代

口径 24.6、底径 7.8、高 11.7 厘米

平顶山市叶县文集遗址出土

2008 年河南省文物考古研究所发掘

4.45
钧釉菊瓣纹碗（T2004H487：22）
金代
口径 25.7、底径 7.7、高 11.1 厘米
平顶山市叶县文集遗址出土
2007 年河南省文物考古研究所发掘

4.46

钧釉盏（T10D10∶1）

金代

口径 10.7、底径 5.5、高 6 厘米

南阳市社旗县陈郎店遗址出土

2013 年河南省文物考古研究院发掘

4.47

钧釉盏（T2006H417∶1）
金代
口径 10.5、底径 4.9、高 5.4 厘米
平顶山市叶县文集遗址出土
2007 年河南省文物考古研究所发掘

4.48

钧釉盏（T0705H1104：52）
金代
口径 11.3、底径 4.1、高 4.6 厘米
平顶山市叶县文集遗址出土
2008 年河南省文物考古研究所发掘

4.49

钧釉盏（T0705H1104：32）
金代
口径 9.4、底径 3.6、高 5 厘米
平顶山市叶县文集遗址出土
2008 年河南省文物考古研究所发掘

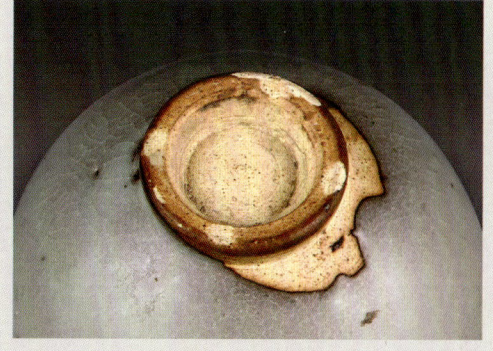

4.50

钧釉盏（T0906H1108∶5）
金代
口径 8.3、底径 4.4、通高 6.6 厘米
平顶山市叶县文集遗址出土
2008 年河南省文物考古研究所发掘

4.51

钧釉银釦盏（T0705H1104∶35）
金代
口径 13.7、底径 4.6、高 8.1 厘米
平顶山市叶县文集遗址出土
2008 年河南省文物考古研究所发掘

4.52

钧釉紫斑盏（T0705H1104：34）
金代
口径 8.6、底径 2.9、高 6.1 厘米
平顶山市叶县文集遗址出土
2008 年河南省文物考古研究所发掘

4.53

钧釉盖盏（T0705H1104：50）

金代

盏高 5.4、口径 7.1、底径 3.5 厘米；盖高 1.3、外径 7.6、底径 2.8 厘米

平顶山市叶县文集遗址出土

2008 年河南省文物考古研究所发掘

4.54

钧釉盏及托（H444:1—3）
金代
盖口径 8.4、盏口径 7.4、盘口径 11.5、通高 8 厘米
平顶山市叶县文集遗址出土
2006～2007 年河南省文物考古研究所发掘

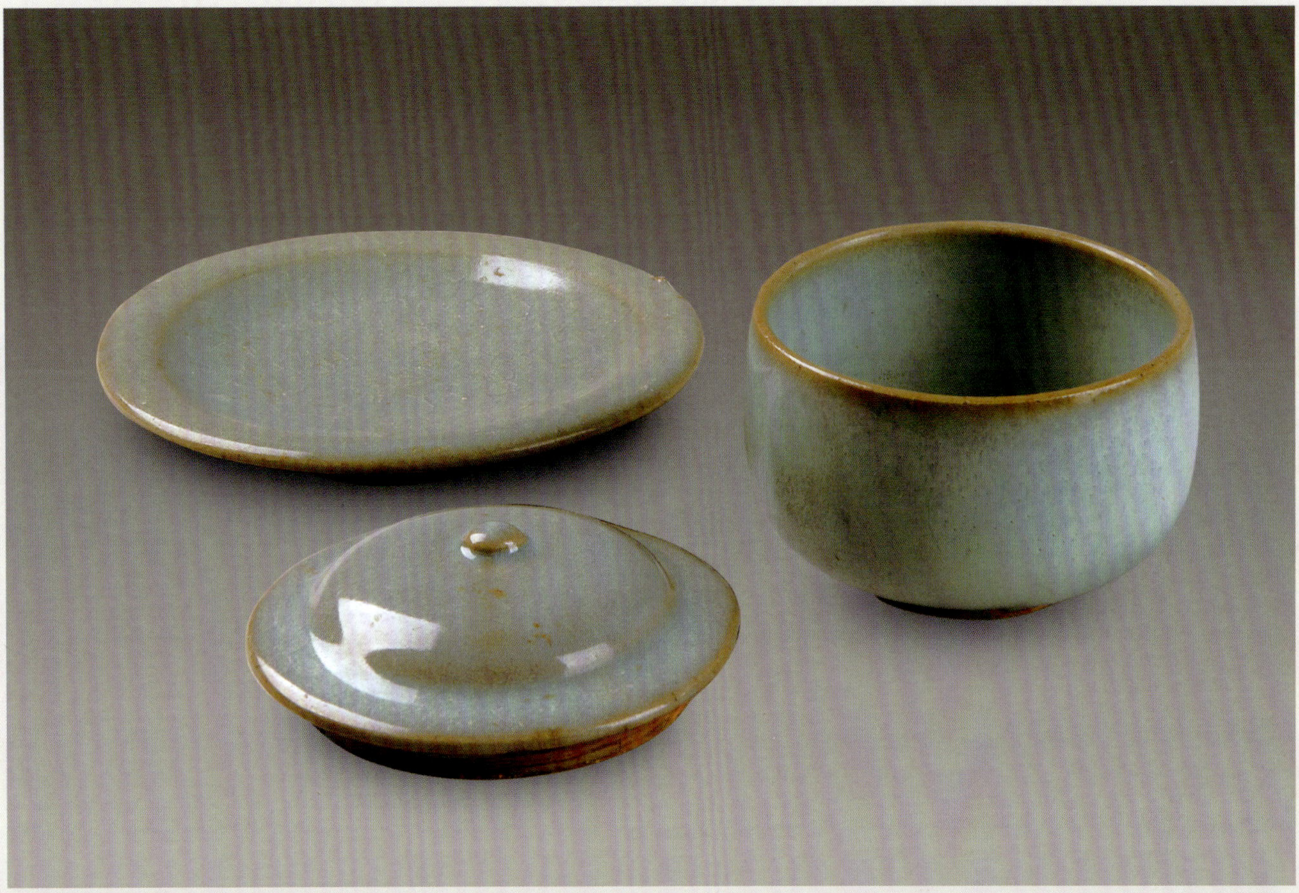

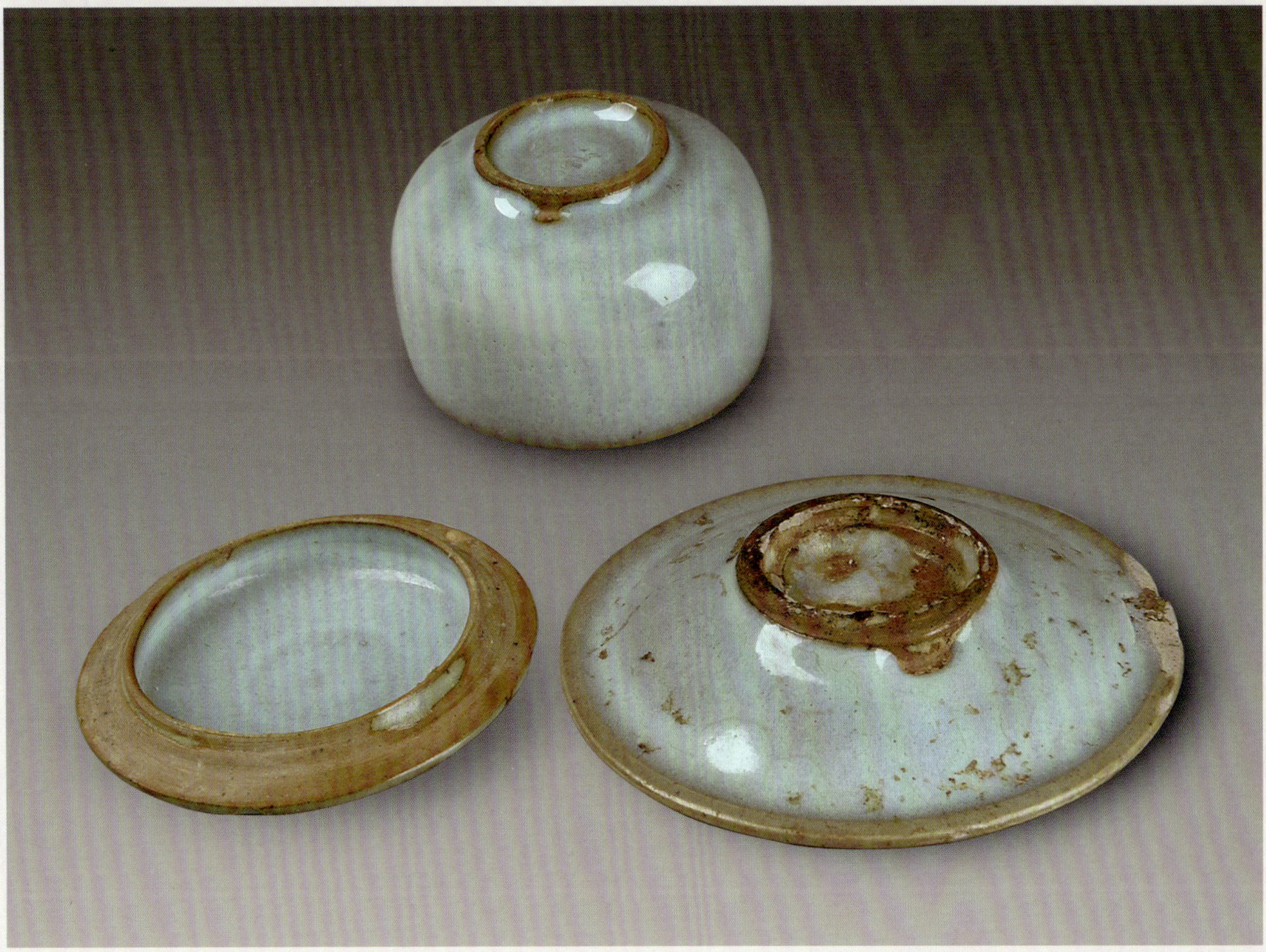

4.55

钧釉盏托（T1503H475:5）
金代
盘径9、口径4.1、底径3.8、高4.2厘米
平顶山市叶县文集遗址出土
2007年河南省文物考古研究所发掘

4.56

钧釉盘（T0705H1104∶30）
金代
口径 15.5、底径 5.2、高 3.6 厘米
平顶山市叶县文集遗址出土
2008 年河南省文物考古研究所发掘

4.57

钧釉盘（T0705H1104：56）
金代
口径 18.2、底径 6.4、高 4.2 厘米
平顶山市叶县文集遗址出土
2008 年河南省文物考古研究所发掘

4.58

钧釉盘（T2006H417:3）
金代
口径 17.5、底径 6.2、高 4 厘米
平顶山市叶县文集遗址出土
2008 年河南省文物考古研究所发掘

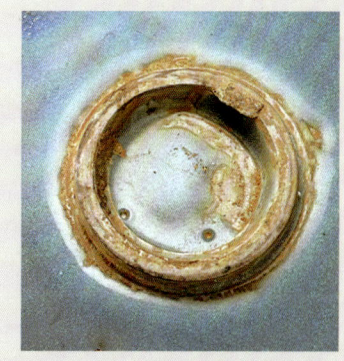

4.59

钧釉盘（T0705H1104∶45）
金代
口外径17.8、底径9.7、高2.7厘米
平顶山市叶县文集遗址出土
2008年河南省文物考古研究所发掘

4.60

钧釉盘（T0705H1104：46）
金代
口外径 18.3、底径 10.8、高 3.5 厘米
平顶山市叶县文集遗址出土
2008 年河南省文物考古研究所发掘

4.61

钧釉瓜棱执壶（T0705H1104：53）

金代

口内径 2.2、外径 3.7、底径 4.9、高 10.3 厘米

平顶山市叶县文集遗址出土

2008 年河南省文物考古研究所发掘

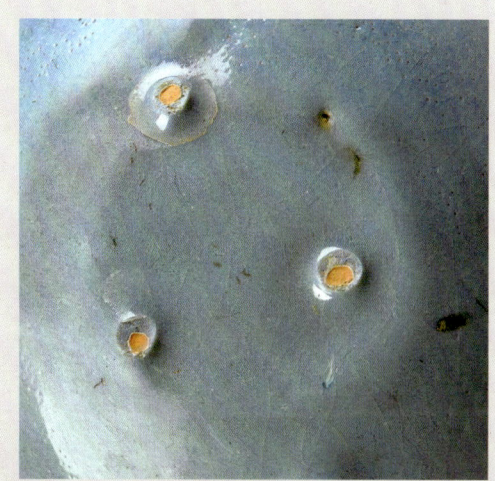

4.62
钧釉匜形洗（T0705H1104：18）
金代
口径16.6~17.2、带流长20.8、底径7.3、高7.1厘米
平顶山市叶县文集遗址出土
2008年河南省文物考古研究所发掘

4.63

青釉印花水鸟纹碗（Z19：1）

金代

口径 22、底径 5.6、高 10 厘米

平顶山市鲁山县杨南遗址出土

2010 年广州市文物考古研究所发掘

4.64
青釉三足炉（T0906H1108：4）
金代
口径 10.5、腹径 11.2、残高 7.4 厘米
平顶山市叶县文集遗址出土
2008 年河南省文物考古研究所发掘

4.65
钧釉三足炉（T0705H1104：48）
金代
口径 6、腹径 6.8、高 6.7 厘米
平顶山市叶县文集遗址出土
2008 年河南省文物考古研究所发掘

4.66
钧釉三足炉（T0203H933:1）
金代
口径 6.4、底径 5.9、高 5.6 厘米
平顶山市叶县文集遗址出土
2007 年河南省文物考古研究所发掘

4.67

钧釉盖罐（T0705H1104：29）
金代
口径5.6、底径5.3、高9.2厘米
平顶山市叶县文集遗址出土
2008年河南省文物考古研究所发掘

4.68

钧釉红斑梅瓶（M1∶5）
金代
口径5.2、底径9.2、高33厘米
许昌市禹州市阳翟故城遗址出土
2006年许昌市文物工作队、武汉大学考古系发掘

4.69

白釉红绿彩碗（T1904H421∶3）

金代

口径 16.7、底径 5.8、高 6 厘米

平顶山市叶县文集遗址出土

2007 年河南省文物考古研究所发掘

4.70

白釉红绿彩碗（T1005H656∶1）

金代

口径 15.4、底径 5.6、高 5.5 厘米

平顶山市叶县文集遗址出土

2007 年河南省文物考古研究所发掘

4.71

白釉红绿彩碗（T1904H487：7）

金代

口径 15.9、底径 4.9、高 6 厘米

平顶山市叶县文集遗址出土

2007 年河南省文物考古研究所发掘

4.72
白釉点褐彩炉（T1106②a∶1）
金代
口缘外径 8.6、内径 4.6、底径 4.7、高 6.7 厘米
平顶山市叶县文集遗址出土
2007 年河南省文物考古研究所发掘

4.73

白釉褐彩罐（T0506F63：1）

金代

口径 10.3、底径 6.2、高 7.7 厘米

平顶山市叶县文集遗址出土

2008 年河南省文物考古研究所发掘

4.74
白釉红绿彩器盖（T11④：2）
金代
盖沿径 11.8、子口径 9.2、高 2.4 厘米
南阳市社旗县陈郎店遗址出土
2013 年河南省文物考古研究院发掘

4.75

白釉红绿彩女坐俑（H487∶65）
金代
通高 13.2 厘米
平顶山市叶县文集遗址出土
2006 年河南省文物考古研究所发掘

4.76

白釉黑彩女立俑（T1307②a∶1）
金代
通高 11.4 厘米
平顶山市叶县文集遗址出土
2006 年河南省文物考古研究所发掘

4.77

白釉黑口边碗（T2105H691②：1）
金代
口径 26.7、底径 9.4、高 11.5 厘米
平顶山市叶县文集遗址出土
2007 年河南省文物考古研究所发掘

4.78

白地黑花碗（T2106H724：12）
金代
口径 22.6、底径 6.9、高 8.8 厘米
平顶山市叶县文集遗址出土
2007 年河南省文物考古研究所发掘

4.79
白地黑花盏（T2408②：2）
金代
口径 11.7、底径 6.2、高 7.6 厘米
平顶山市鲁山县杨南遗址出土
2010 年广州市文物考古研究所发掘

4.80
白地黑花碗（T1G6：1）
金代
口径 12.3、底径 6.6、高 9.4 厘米
许昌市禹州市阳翟故城遗址出土
2006 年许昌市文物工作队、武汉大学考古系发掘

4.81

白地黑花盆（T1806H437:1）
金代
口径 32.1、底径 19.5、高 12.1 厘米
平顶山市叶县文集遗址出土
2007 年河南省文物考古研究所发掘

4.82

白地黑花盆（T1804H214：1）

金代

口径 31.9、底径 20、高 15.9 厘米

平顶山市叶县文集遗址出土

2006 年河南省文物考古研究所发掘

4.83
白地黑花花卉盆（T2004H487：1）
金代
口外径 37.8、口内径 29、底径 23.9、高 10 厘米
平顶山市叶县文集遗址出土
2006 年河南省文物考古研究所发掘

4.84

白地黑花莲花盆（T0705H1104：11）

金代

口外径 49.7、口内径 37.7、底径 29.8、高 13.7 厘米

平顶山市叶县文集遗址出土

2008 年河南省文物考古研究所发掘

4.85
白地黑花折枝纹梅瓶（T1903SD5∶4）
金代
残口径 8.2、底径约 14、残高 27.5 厘米
平顶山市叶县文集遗址出土
2007 年河南省文物考古研究所发掘

4.86
白地黑花鸭纹枕（T0906H904：4）
金代
枕面长径 25.8、枕面短径 18.4、高 7.8～10.1 厘米
平顶山市叶县文集遗址出土
2007 年河南省文物考古研究所发掘

4.87

黄釉黑花枕（M14∶1）
金代
长 22.2、宽 18.5、高 7.9 厘米
新乡市辉县市毡匠屯墓地出土
2006 年重庆市文物考古研究所发掘

5

元

南阳市社旗县陈郎店遗址出土
2013年河南省文物考古研究院发掘

5.1

黑釉双系罐（T10D6:2）
元代
口径17.6、底径12.3、高18.1厘米
南阳市社旗县陈郎店遗址出土
2013年河南省文物考古研究院发掘

5.2

龙泉窑青釉印花双鱼纹盘（H77∶1）

元代

口径 12.5、底径 6、高 3 厘米

许昌禹州市阳翟故城遗址出土

2006～2007 年许昌市文物工作队、武汉大学考古系发掘

5.3

钧釉红斑碗（T2713①：1）
元代
口径 18.4、底径 6.2、高 7.7 厘米
平顶山市鲁山县杨南遗址出土
2010 年广州市文物考古研究所发掘

5.4
钧釉红斑盏（T11H94：2）
元代
口径 10.5、底径 5.2、高 4.7 厘米
许昌市禹州市阳翟故城遗址出土
2007 年许昌市文物工作队、武汉大学考古系发掘

5.5
钧釉炉（T10D5：12）
元代
口径 3、沿径 4.8、底径 3.6、高 4 厘米
南阳市社旗县陈郎店遗址出土
2013 年河南省文物考古研究院发掘

5.6

白地黑花碗（H321∶10）
元代
口径 15、底径 6.2、高 5 厘米
平顶山市鲁山县杨南遗址出土
2010 年广州市文物考古研究所发掘

5.7

白地黑花碗（H321：13）
元代
口径 19.2、底径 6.4、高 7.2 厘米
平顶山市鲁山县杨南遗址出土
2010 年广州市文物考古研究所发掘

5.8
白釉"花"字碗（T9D4∶14）
元代
口径 16.8、底径 6.1、高 5.7 厘米
南阳市社旗县陈郎店遗址出土
2013 年河南省文物考古研究院发掘

5.9
白釉"冬"字碗（T1608 建 I：1）
元代
口径 22.4、底径 6.3、高 8.7 厘米
平顶山市叶县文集遗址出土
2006 年河南省文物考古研究所发掘

5.10
白釉"王"字碗（T2209②：14）
元代
口径 18.3、底径 6.2、高 6.8 厘米
平顶山市鲁山县杨南遗址出土
2010 年广州市文物考古研究所发掘

5.11
白釉"花"字钵（T25H252：2）
元代
口径14.4、底径6.4、高7.2厘米
许昌市禹州市阳翟故城遗址出土
2006年许昌市文物工作队、武汉大学考古系发掘

5.12
白釉"酒"字碗（T12③：1）
元代
口径 17.1、底径 7.4、高 7.2 厘米
南阳市社旗县陈郎店遗址出土
2013 年河南省文物考古研究院发掘

5.13

白地黑花花卉纹碗（T0605H66：2）

元代
口径 18.5、底径 6.5、高 6.4 厘米
平顶山市叶县文集遗址出土
2006 年河南省文物考古研究所发掘

5.14
白地黑花花卉纹碗（T0503H12∶1）
元代
口径 21.5、底径 8.2、高 8.7 厘米
平顶山市叶县文集遗址出土
2006 年河南省文物考古研究所发掘

5.15

白地黑花草叶纹碗（H154∶5）

元代
口径 24.8、底径 8.7、高 9.4 厘米
南阳市社旗县陈郎店遗址出土
2013 年河南省文物考古研究院发掘

5.16
白地黑花诗文碗（T0201J1∶1）
元代
口径 26、底径 8.4、高 13.3 厘米
平顶山市叶县文集遗址出土
2006 年河南省文物考古研究所发掘

5.17
白釉"雪月"盘（T0806H814：3）
元代
口径 16.7、底径 5.8、高 4.3 厘米
平顶山市叶县文集遗址出土
2008 年河南省文物考古研究所发掘

5.18

白地黑花盘（T0605H66:1）
元代
口径14.9、底径6.1、高4.3厘米
平顶山市叶县文集遗址出土
2007年河南省文物考古研究所发掘

5.19
白地黑花研磨盘（T1905①b∶1）
元代
口径 15.8、底径 6.4、高 4.3 厘米
平顶山市叶县文集遗址出土
2006 年河南省文物考古研究所发掘

5.20

白地黑花莲花盆（T4BD15：1）

元代

口径 39.2、底径 26.4、高 8 厘米

南阳市社旗县陈郎店遗址出土

2013 年河南省文物考古研究院发掘

5.21

白地黑花婴戏纹盆（T1903SD1∶3）

元代

口外径 50.7、口内径 40、底径 30、高 11.7 厘米

平顶山市叶县文集遗址出土

2007 年河南省文物考古研究所发掘

5.22
白地黑花花卉纹罐（H321：15）
元代
口径22、腹径38.8、底径17.6、高33.6厘米
平顶山市鲁山县杨南遗址出土
2010年广州市文物考古研究所发掘

5.23

白地黑花花卉纹罐（T2202②：4）

元代

口径22、腹径40、底径17.6、高37.5厘米

平顶山市鲁山县杨南遗址出土

2010年广州市文物考古研究所发掘

6

明清

6.1
黑釉碗（M136∶1）
明代
口径 14.9、底径 5.8、高 5 厘米
郑州市荥阳市薛村墓地出土
2005 年河南省文物考古研究所发掘

6.2
黑釉碗（M87∶2）
明代
口径 18、底径 6.2、高 6.6 厘米
郑州市荥阳市薛村墓地出土
2005 年河南省文物考古研究所发掘

6.3

白地黑花碗（M25∶1）
明代
口径16.2、底径6.1、高6厘米
郑州市荥阳市薛村墓地出土
2005年河南省文物考古研究所发掘

6.4
青花缠枝花草纹碗（M124∶1）
明代
口径 13、底径 5、高 5 厘米
郑州市荥阳市薛村墓地出土
2005 年河南省文物考古研究所发掘

6.5

青花松鹤纹碗（M128∶1）

明代
口径 13.5、底径 5.7、高 6.8 厘米
郑州市荥阳市薛村墓地出土
2005 年河南省文物考古研究所发掘

6.6
青花"岁寒三友"纹碗（M128∶2）
明代
口径15、底径6.2、高6.5厘米
郑州市荥阳市薛村墓地出土
2005年河南省文物考古研究所发掘

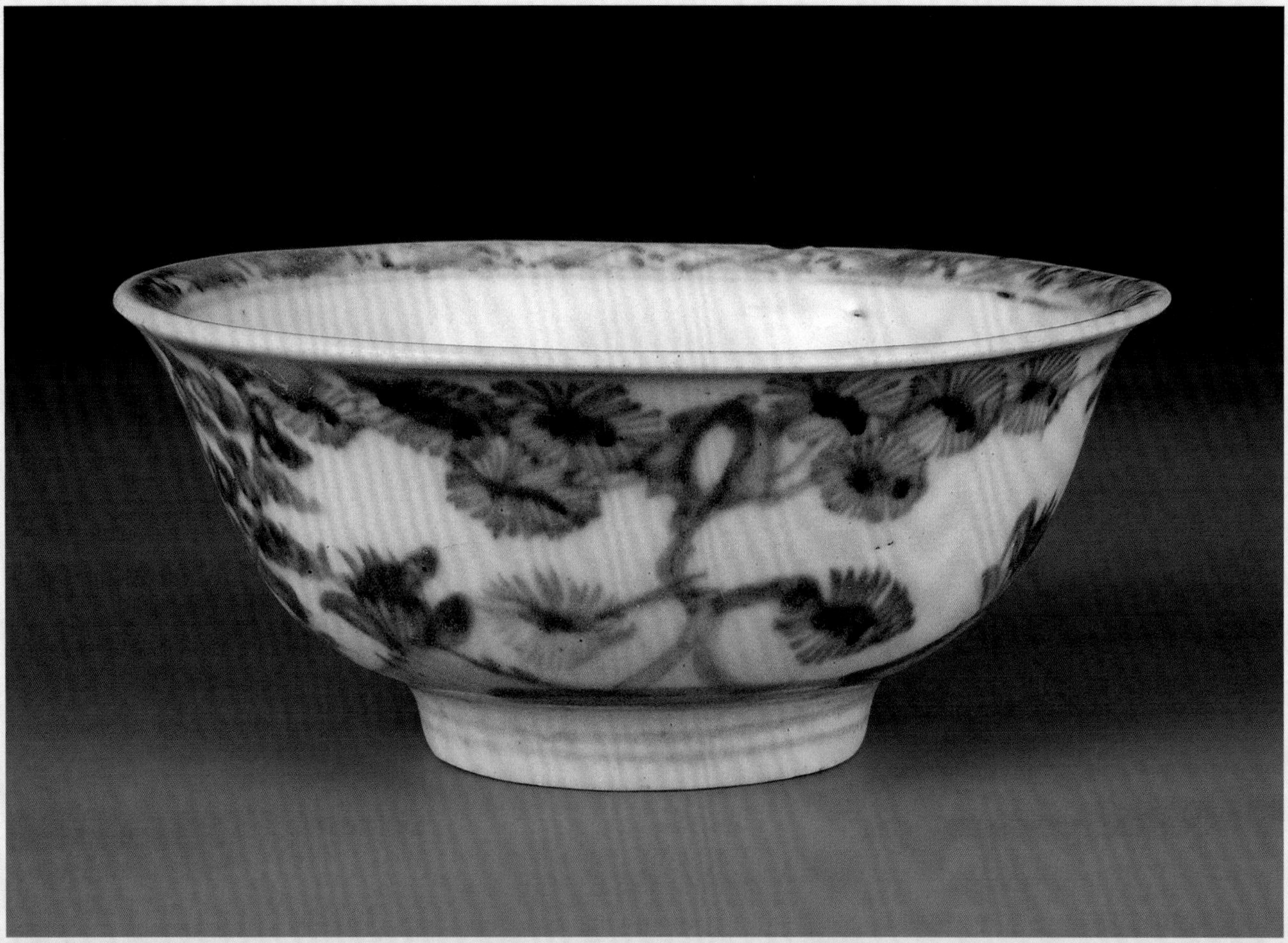

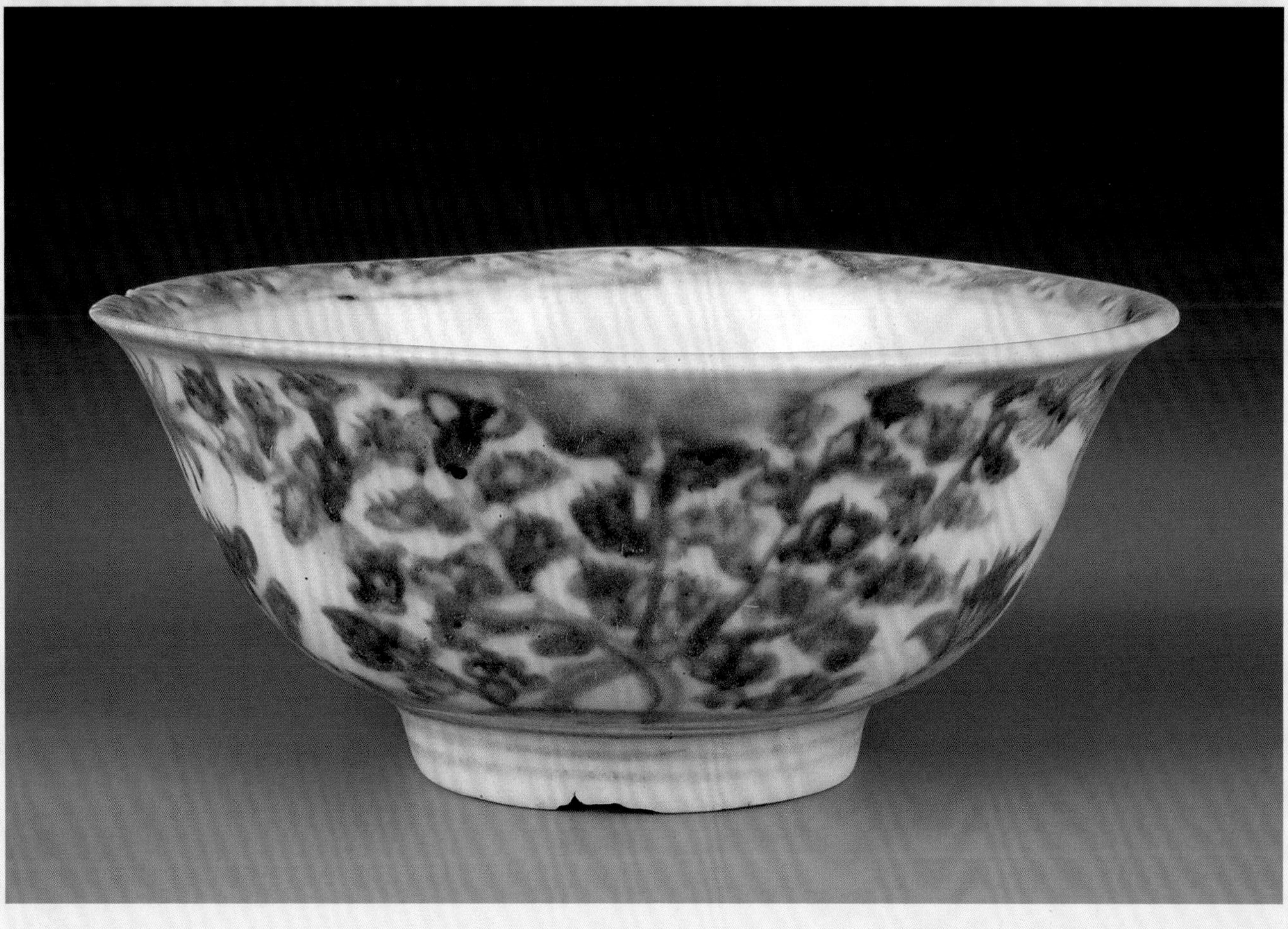

6.7
青花卷草纹碗（M128：3）
明代
口径14.8、底径5.7、高6.5厘米
郑州市荥阳市薛村墓地出土
2005年河南省文物考古研究所发掘

6.8
青花缠枝牡丹纹碗（M128：4）
明代
口径17、底径6.8、高6.7厘米
郑州市荥阳市薛村墓地出土
2005年河南省文物考古研究所发掘

6.9
青花瓔珞纹盖碗（XW②层扰土）
清代
碗口径 11.1、盖口径 10、通高 8.8 厘米
郑州市新郑市王老庄墓地出土
2011 年河南省文物考古研究所、新郑市旅游和文物局发掘

6.10
粉彩花卉纹盖碗（M13：1）
清代
碗口径 10、盖口径 9.5、通高 8.8 厘米
郑州市新郑市王老庄墓地出土
2011 年河南省文物考古研究所、新郑市旅游和文物局发掘

7

釉陶器

→

7.1
米黄釉莲花口高足盘（M23：55）
东魏
口径12、底径9.5、高8.5厘米
安阳市固岸墓地出土
2005～2007年河南省文物考古研究所发掘

7.2
米黄釉莲瓣纹盘口瓶（M23：53）
东魏
口径8.3、高27厘米
安阳市固岸墓地出土
2005～2007年河南省文物考古研究所发掘

7.3
米黄釉熏炉（M23：69）
东魏
口径 3.8、底径 14、通高 15.3 厘米
安阳市固岸墓地出土
2005～2007 年河南省文物考古研究所发掘

7.4

米黄釉耳杯（M23∶58）
东魏
口长径15、口短径9.5、高8厘米
安阳市固岸墓地出土
2005～2007年河南省文物考古研究所发掘

7.5
米黄釉覆莲纹四系罐（M115：2）
东魏天平四年（537年）
腹径 18.8、底径 8.9、通高 21.8 厘米
安阳市东魏天平四年赵明度墓出土
2008 年安阳市文物考古研究所发掘

7.6
米黄釉黄绿彩罐（M54：20）
北齐武平三年（572年）
口径6.5、腹径12.5、高17厘米
安阳市北齐武平三年贾进墓出土
2008年安阳市文物考古研究所发掘

<u>7.7</u>

米黄釉高足盘（M54∶14）
北齐武平三年（572年）
口径36、圈足高13.6、底径22、高18厘米
安阳市北齐武平三年贾进墓出土
2008年安阳市文物考古研究所发掘

7.8

米黄釉多足砚（M54：11）
北齐武平三年（572年）
口径15.5、高7.2厘米
安阳市北齐武平三年贾进墓出土
2008年安阳市文物考古研究所发掘

7.9

米黄釉双耳盂（M1：73）
北齐武平三年（572年）
口径 18.5、底径 12.7、高 10 厘米
安阳市北齐武平三年刘通墓出土
2007 年安阳市文物考古研究所发掘

7.10

三彩钵（M5∶1）
唐咸亨二年（671年）
口径14.3、高12.8厘米
焦作市聂村唐咸亨二年墓出土
2006年洛阳市文物工作队、焦作市文物工作队发掘

7.11
三彩双耳钵（M6∶3）
唐代
口径 15、高 16 厘米
焦作市聂村墓地出土
2006 年洛阳市文物工作队、焦作市文物工作队发掘

7.12

三彩双耳钵（M7:3）
唐代
口径13、腹径18、高12.5厘米
焦作市聂村墓地出土
2006年洛阳市文物工作队、焦作市文物工作队发掘

7.13

三彩钵（T1805H507∶1）

唐代

口径 11.5、底径 7、高 10.3 厘米

平顶山市叶县文集遗址出土

2007 年河南省文物考古研究所发掘

7.14
三彩小执壶（M68:9）
唐代
口径 3.3、底径 3.6、高 8.8 厘米
郑州市荥阳市薛村墓地出土
2005 年河南省文物考古研究所发掘

7.15

黄釉绞胎枕（M121∶2）

唐代

长14.8、宽11、高8厘米

郑州市荥阳市薛村墓地出土

2005年河南省文物考古研究所发掘

7.16

绿釉五足炉（G56:4）
北宋
口径 14、底径 8.8、高 5.4 厘米
平顶山市鲁山县杨南遗址出土
2010 年广州市文物考古研究所发掘

231

7.17
三彩石榴纹盘（T2④:1）
北宋
口径13.6、底径6.1、高3厘米
南阳市社旗县陈郎店遗址出土
2013年河南省文物考古研究院发掘

7.18

三彩印花束腰枕（T0905F72：1）
北宋
长18、宽9.7、高10厘米
平顶山市叶县文集遗址出土
2008年河南省文物考古研究所发掘

7.19
三彩牡丹纹腰形枕（M12∶1）
北宋
枕面最长 16.4、最宽 9.8 厘米；
底面最长 13.6、最宽 7.8 厘米；
高 5～5.6 厘米
郑州市荥阳市后真村墓地出土
2010～2011 年郑州大学历史学院考古系发掘

7.20

绿釉诗文腰形枕（T2004H487:10）
北宋
枕面长 24.7、宽 16.5 厘米；
底面残长 25.9 厘米；残高 3.9 厘米
平顶山市叶县文集遗址出土
2006 年河南省文物考古研究所发掘

7.21
绿釉花鸟纹梯形枕（T1906③a:2）
北宋
长17.4、宽12.3、高9.2厘米
平顶山市叶县文集遗址出土
2007年河南省文物考古研究所发掘

7.22
三彩兽面纹长方形枕（T2104H487：76）
北宋
枕面长 20.2、宽 13.8 厘米；
底面长 16、底面宽 10.2 厘米；
高 9.4 厘米
平顶山市叶县文集遗址出土
2006 年河南省文物考古研究所发掘

7.23

三彩花鸟纹方盒（H1104∶1）

金代

长 20.1、宽 20.2、高 13 厘米

平顶山市叶县文集遗址出土

2006～2007 年河南省文物考古研究所发掘

7.24
三彩花鸟纹枕（H487:1）
金代
长 52.7、宽 21、高 14.2 厘米
平顶山市叶县文集遗址出土
2006～2007 年河南省文物考古研究所发掘

7.25

三彩牡丹纹枕（T0201J1∶13）

元代

枕面长 44、枕面宽 17.9、高 12.6 厘米

平顶山市叶县文集遗址出土

2007 年河南省文物考古研究所发掘

7.26
三彩方形瓜棱瓶（T1805H211：1）
元代
高 21.1、口部边长 4.4 厘米；
底部对角长径 11、短径 9 厘米
平顶山市叶县文集遗址出土
2006 年河南省文物考古研究所发掘

后记

本书为《长渠遗珍——南水北调中线工程河南省文物保护成果撷英》丛书的"瓷器"卷,其中"综述"卷和"带钩"卷已由河南人民出版社于2020年9月出版。

配合南水北调中线工程河南段项目,在东晋南北朝至明清时期的遗址和墓葬发掘中,出土了数量较多的瓷器遗物,尤其是河南省文物考古研究院王龙正研究馆员(已故)主持发掘的叶县文集遗址出土瓷器最多,曾于2017年出版《叶县文集出土陶瓷器》图录。河南省文物局还组织相关单位,先后出版了《河南省南水北调工程考古发掘出土文物集萃》(一)(文物出版社,2009年)、《流过往事——南水北调中线工程河南段文物保护成果展》(河南大学出版社,2016年)、《长渠缀珍——南水北调中线工程河南段出土文物保护成果展》(文物出版社,2020年)等多部文物精品图录,也收录有一定数量的陶瓷器。另外,在已发表的考古发掘报告和发掘简报中,也有一些瓷器图片。本书中的大部分图片来源于上述已发表成果。

本书由河南省文物考古研究院孙新民和郑州博物馆黄亮亮主持编写。在收集图片资料过程中,得到了河南省文物局南水北调文物保护办公室原主任张志清,河南省文物考古研究院院长刘海旺、副院长梁法伟,郑州博物馆馆长张霆,许昌市文物局副局长毛德新,驻马店市文化广电和旅游局三级调研员余新宏和河南省文物考古研究院郭木森、楚小龙、赵宏、李素婷、孙凯等同志的大力协助。尤其是楚小龙负责发掘的荥阳市薛村唐宋明代墓地和赵宏负责发掘的社旗县陈郎店遗址,考古发掘报告尚在整理中,他们都慷慨地提供了尚未公开发表的瓷器资料。陶瓷器图片分别由河南省文物考古研究院祝贺、王蔚波、聂凡、郑永东、牛增近、魏晓通,郑州博物馆陈巍,安阳市文物考古研究所申明清,驻马店文物考古研究所齐雪义和杜永强等同志拍摄。科学出版社博物馆分社社长张亚娜认真负责,严把编校质量关,为本书的出版付出了辛勤劳动。在此,特向上述相关人员表达真诚的谢意。

编 者

2023年6月

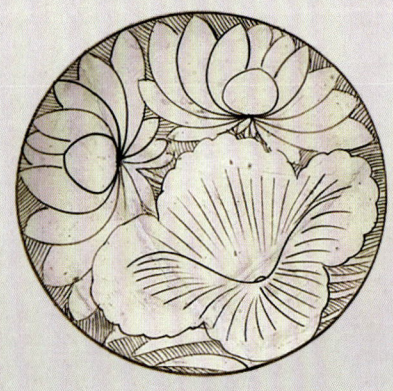